“十三五”国家重点图书出版规划项目

智能制造
系|列|丛|书

大批量定制技术

产品设计、制造与供应链

谭建荣　冯毅雄　著

MASS CUSTOMIZATION TECHNOLOGIES

PRODUCT DESIGN, MANUFACTURING AND SUPPLY CHAIN

清華大學出版社
北京

图书在版编目(CIP)数据

大批量定制技术：产品设计、制造与供应链/谭建荣，冯毅雄著. —北京：清华大学出版社，2020.6（2022.11 重印）
（智能制造系列丛书）
ISBN 978-7-302-54831-7

Ⅰ. ①大… Ⅱ. ①谭… ②冯… Ⅲ. ①智能制造系统－制造工业－研究 Ⅳ. ①F407.4

中国版本图书馆 CIP 数据核字(2020)第 005621 号

责任编辑：冯　昕　赵从棉
封面设计：李召霞
责任校对：王淑云
责任印制：宋　林

出版发行：清华大学出版社
网　　址：http://www.tup.com.cn，http://www.wqbook.com
地　　址：北京清华大学学研大厦 A 座　**邮　　编**：100084
社 总 机：010-83470000　**邮　　购**：010-62786544
投稿与读者服务：010-62776969，c-service@tup.tsinghua.edu.cn
质量反馈：010-62772015，zhiliang@tup.tsinghua.edu.cn
印 装 者：涿州市般润文化传播有限公司
经　　销：全国新华书店
开　　本：170mm×240mm　**印　张**：10.75　**字　　数**：187 千字
版　　次：2020 年 7 月第 1 版　**印　　次**：2022 年 11月第 2 次印刷
定　　价：45.00 元

产品编号：086297-02

智能制造系列丛书编委会名单

Foreword | 丛书序 1

制造业是国民经济的主体，是立国之本、兴国之器、强国之基。习近平总书记在党的十九大报告中号召："加快建设制造强国，加快发展先进制造业。"他指出："要以智能制造为主攻方向，推动产业技术变革和优化升级，推动制造业产业模式和企业形态根本性转变，以'鼎新'带动'革故'，以增量带动存量，促进我国产业迈向全球价值链中高端。"

智能制造——制造业数字化、网络化、智能化，是我国制造业创新发展的主要抓手，是我国制造业转型升级的主要路径，是加快建设制造强国的主攻方向。

当前，新一轮工业革命方兴未艾，其根本动力在于新一轮科技革命。21世纪以来，互联网、云计算、大数据等新一代信息技术飞速发展。这些历史性的技术进步，集中汇聚在新一代人工智能技术的战略性突破，新一代人工智能已经成为新一轮科技革命的核心技术。

新一代人工智能技术与先进制造技术的深度融合，形成了新一代智能制造技术，成为新一轮工业革命的核心驱动力。新一代智能制造的突破和广泛应用将重塑制造业的技术体系、生产模式、产业形态，实现第四次工业革命。

新一轮科技革命和产业变革与我国加快转变经济发展方式形成历史性交汇，智能制造是一个关键的交汇点。中国制造业要抓住这个历史机遇，创新引领高质量发展，实现向世界产业链中高端的跨越发展。

智能制造是一个"大系统"，贯穿于产品、制造、服务全生命周期的各个环节，由智能产品、智能生产及智能服务三大功能系统以及工业智联网和智能制造云两大支撑系统集合而成。其中，智能产品是主体，智能生产是主线，以智能服务为中心的产业模式变革是主题，工业智联网和智能制造云是支撑，系统集成将智能制造各功能系统和支撑系统集成为新一代智能制造系统。

智能制造是一个"大概念"，是信息技术与制造技术的深度融合。从20世纪中叶到90年代中期，以计算、感知、通信和控制为主要特征的信息化催生了数字化制造；从90年代中期开始，以互联网为主要特征的信息化催生了“互联网+制造”；当前，以新一代人工智能为主要特征的信息化开创了新一代智能制造的新阶段。这就形成了智能制造的三种基本范式，即：数字化制造(digital manufacturing)——第一代智能制造；数字化网络化制造(smart manufacturing)——“互联网+制造”或第二代智能制造，本质上是“互联网+数字化制造”；数字化网络化智能化制造(intelligent manufacturing)——新一代智能制造，本质上是“智能+互联网+数字化制造”。这三个基本范式次第展开又相互交织，体现了智能制造的“大概念”特征。

对中国而言，不必走西方发达国家顺序发展的老路，应发挥后发优势，采取三个基本范式“并行推进、融合发展”的技术路线。一方面，我们必须实事求是，因企制宜、循序渐进地推进企业的技术改造、智能升级，我国制造企业特别是广大中小企业还远远没有实现“数字化制造”，必须扎扎实实完成数字化“补课”，打好数字化基础；另一方面，我们必须坚持“创新引领”，可直接利用互联网、大数据、人工智能等先进技术，“以高打低”，走出一条并行推进智能制造的新路。企业是推进智能制造的主体，每个企业要根据自身实际，总体规划、分步实施、重点突破、全面推进，产学研协调创新，实现企业的技术改造、智能升级。

未来20年，我国智能制造的发展总体将分成两个阶段。第一阶段：到2025年，“互联网+制造”——数字化网络化制造在全国得到大规模推广应用；同时，新一代智能制造试点示范取得显著成果。第二阶段：到2035年，新一代智能制造在全国制造业实现大规模推广应用，实现中国制造业的智能升级。

推进智能制造，最根本的要靠“人”，动员千军万马、组织精兵强将，必须以人为本。智能制造技术的教育和培训，已经成为推进智能制造的当务之急，也是实现智能制造的最重要的保证。

为推动我国智能制造人才培养，中国机械工程学会和清华大学出版社组织国内知名专家，经过三年的扎实工作，编著了“智能制造系列丛书”。这套丛书是编著者多年研究成果与工作经验的总结，具有很高的学术前瞻性与工程实践性。丛书主要面向从事智能制造的工程技术人员，亦可作为研究生或本科生的教材。

在智能制造急需人才的关键时刻，及时出版这样一套丛书具有重要意义，为推动我国智能制造发展作出了突出贡献。我们衷心感谢各位作者付出的心血和劳动，感谢编委会全体同志的不懈努力，感谢中国机械工程学会与清华大学出版社的精心策划和鼎力投入。

衷心希望这套丛书在工程实践中不断进步、更精更好，衷心希望广大读者喜欢这套丛书、支持这套丛书。

让我们大家共同努力，为实现建设制造强国的中国梦而奋斗。

周济

2019年3月

Foreword | 丛书序 2

技术进展之快，市场竞争之烈，大国较劲之剧，在今天这个时代体现得淋漓尽致。

世界各国都在积极采取行动，美国的“先进制造伙伴计划”、德国的“工业4.0战略计划”、英国的“工业2050战略”、法国的“新工业法国计划”、日本的“超智能社会5.0战略”、韩国的“制造业创新3.0计划”，都将发展智能制造作为本国构建制造业竞争优势的关键举措。

中国自然不能成为这个时代的旁观者，我们无意较劲，只想通过合作竞争实现国家崛起。大国崛起离不开制造业的强大，所以中国希望建成制造强国、以制造而强国，实乃情理之中。制造强国战略之主攻方向和关键举措是智能制造，这一点已经成为中国政府、工业界和学术界的共识。

制造企业普遍面临着提高质量、增加效率、降低成本和敏捷适应广大用户不断增长的个性化消费需求，同时还需要应对进一步加大的资源、能源和环境等约束之挑战。然而，现有制造体系和制造水平已经难以满足高端化、个性化、智能化产品与服务的需求，制造业进一步发展所面临的瓶颈和困难迫切需要制造业的技术创新和智能升级。

作为先进信息技术与先进制造技术的深度融合，智能制造的理念和技术贯穿于产品设计、制造、服务等全生命周期的各个环节及相应系统，旨在不断提升企业的产品质量、效益、服务水平，减少资源消耗，推动制造业创新、绿色、协调、开放、共享发展。总之，面临新一轮工业革命，中国要以信息技术与制造业深度融合为主线，以智能制造为主攻方向，推进制造业的高质量发展。

尽管智能制造的大潮在中国滚滚而来，尽管政府、工业界和学术界都认识到智能制造的重要性，但是不得不承认，关注智能制造的大多数人（本人自然也在其中）对智能制造的认识还是片面的、肤浅的。政府勾画的蓝图虽气势磅礴、宏伟壮观，但仍有很多实施者感到无从下手；学者们高谈阔论的宏观理念或基本概念虽至关重要，但如何见诸实践，许多人依然不得要领；企业的实践者们侃侃而谈的多是当年制造业信息化时代的陈年酒酿，尽管依旧散发清香，却还是少了一点智能制造的气息。有些人看到“百万工业企业上云，实施百万工业APP培育工程”时劲头十足，可真准备大干一场的时候，又仿佛云里雾里。常常听学者们言，CPS(cyber-physical systems，信息-物理系统)是工业4.0和智能制造的核心要素，CPS万不能离开数字孪生体(digital twin)。可数字孪生体到底如何构建？学者也好，工程师也好，少有人能够清晰道来。又如，大数据之重要性日渐为人们所知，可有了数据后，又如何分析？如何从中提炼知识？企业人士鲜有知其个中究竟的。至于关键词“智能”，什么样的制造真正是“智能”制造？未来制造将“智能”到何种程度？解读纷纷，莫衷一是。我的一位老师，也是真正的智者，他说：“智能制造有几分能说清楚？还有几分是糊里又糊涂。”

所以，今天中国散见的学者高论和专家见解还远不能满足智能制造相关的研究者和实践者们之所需。人们既需要微观的深刻认识，也需要宏观的系统把握；既需要实实在在的智能传感器、控制器，也需要看起来虚无缥缈的“云”；既需要对理念和本质的体悟，也需要对可操作性的明晰；既需要互联的快捷，也需要互联的标准；既需要数据的通达，也需要数据的安全；既需要对未来的前瞻和追求，也需要对当下的实事求是……如此等等。满足多方位的需求，从多视角看智能制造，正是这套丛书的初衷。

为助力中国制造业高质量发展，推动我国走向新一代智能制造，中国机械工程学会和清华大学出版社组织国内知名的院士和专家编写了“智能制造系列丛书”。本丛书以智能制造为主线，考虑智能制造“新四基”[即“一硬”(自动控制和感知硬件)、“一软”(工业核心软件)、“一网”(工业互联网)、“一台”(工业云和智能服务平台)]的要求，由30个分册组成。除《智能制造：技术前沿与探索应用》《智能制造标准化》《智能制造实践》3个分册外，其余包含了以下五大板块：智能制造模式、智能设计、智能传感与装备、智能制造使能技术以及智能制造管理技术。

本丛书编写者包括高校、工业界拔尖的带头人和奋战在一线的科研人员，有着丰富的智能制造相关技术的科研和实践经验。虽然每一位作者未必对智能制造有全面认识，但这个作者群体的知识对于试图全面认识智能制造或深刻理解某方面技术的人而言，无疑能有莫大的帮助。丛书面向从事智能制造工作的工程师、科研人员、教师和研究生，兼顾学术前瞻性和对企业的指导意义，既有对理论和方法的描述，也有实际应用案例。编写者经过反复研讨、修订和论证，终于完成了本丛书的编写工作。必须指出，这套丛书肯定不是完美的，或许完美本身就不存在，更何况智能制造大潮中学界和业界的急迫需求也不能等待对完美的寻求。当然，这也不能成为掩盖丛书存在缺陷的理由。我们深知，疏漏和错误在所难免，在这里也希望同行专家和读者对本丛书批评指正，不吝赐教。

在“智能制造系列丛书”编写的基础上，我们还开发了智能制造资源库及知识服务平台，该平台以用户需求为中心，以专业知识内容和互联网信息搜索查询为基础，为用户提供有用的信息和知识，打造智能制造领域“共创、共享、共赢”的学术生态圈和教育教学系统。

我非常荣幸为本丛书写序，更乐意向全国广大读者推荐这套丛书。相信这套丛书的出版能够促进中国制造业高质量发展，对中国的制造强国战略能有特别的意义。丛书编写过程中，我有幸认识了很多朋友，向他们学到很多东西，在此向他们表示衷心感谢。

需要特别指出，智能制造技术是不断发展的。因此，“智能制造系列丛书”今后还需要不断更新。衷心希望，此丛书的作者们及其他的智能制造研究者和实践者们贡献他们的才智，不断丰富这套丛书的内容，使其始终贴近智能制造实践的需求，始终跟随智能制造的发展趋势。

2019 年 3 月

Preface | 前言

随着信息技术的飞速发展和广泛应用，制造业不断向信息化、敏捷化和智能化的方向发展，精益生产、敏捷制造、现代集成制造系统、网络化制造等先进生产模式不断出现，制造业企业必须采用先进的技术才能在激烈的市场竞争中生存。融合大批量生产的低成本、高质量、短交货期和定制生产满足客户个性化、多样化需求的优点，大批量定制生产模式应运而生，其目标是以接近大批量生产的成本和速度，提供满足客户个性化需求的产品和服务，为制造业适应激烈的市场竞争提供了发展方向。

随着我国经济社会的不断发展和国际交往的日益频繁，大批量定制技术持续受到社会各界的高度关注与重视，关于大批量定制的新概念、新技术不断出现。然而大批量定制概念体系的确立与使用随着时间推移不断发生变更；大批量定制技术的研究往往呈现碎片化特征，没有形成贯穿产品设计、制造、供应链整个过程的完整框架体系；同时各种大批量定制技术在工程实际中的应用情况没有得到系统的归纳与总结。

本书中的9章内容，以大批量定制技术为主线，从大批量定制的概念与特点入手，围绕面向大批量定制的产品设计、制造与供应链，介绍大批量定制的广义需求建模、模块规划、产品族群设计、配置求解、变异设计、合理化制造、生产计划调度、柔性化制造、信息管理以及大批量定制技术在产品设计制造中的应用，力求为广大的智能制造领域的工作者、科研人员、高校学生以及其他读者提供准确、翔实的大批量定制必备知识与系统参考。

第1章在对“大批量定制”这一基本概念进行充分归纳总结的基础上，对大批量定制的特点和分类进行了清晰的阐述；进而列举了大批量定制在其发展历史中的国内外理论研究和实践探索现状，明确了大批量定制在21世纪的制造业中的突出地位。

第2～8章分别就大批量定制技术涉及的7类主要技术，即基于证据推理的产品细分需求建模技术、基于质量准则的产品模块智能规划技术、基于多目标进化的产品族调节重构技术、基于模糊评价的产品个性化配置寻优技术、基于基因模型的产品结构适应性变异设计技术、基于分布联盟的产品数据协同变更管理技术、基于组合优化的产品质量规划与供应链构建技术等进行了系统讲解，描述了各种技术所针对的问题、适用的场景及实施的步骤，可以为大批量定制技术的推广应用打下坚实的基础。

第 9 章以大批量定制产品设计制造的应用案例为核心，介绍了大批量定制技术在数控加工中心、立体停车库、高速乘客电梯与离心式空气压缩机等典型批量定制产品的设计制造过程中的应用情况，分析了大批量定制技术的应用效果，证明了大批量定制在制造业市场竞争中的优越性。

本书各章的编写分工如下：

第 1 章，谭建荣，冯毅雄；

第 2 章，谭建荣，丁力平；

第 3 章，谭建荣，魏巍，丁力平；

第 4 章，冯毅雄，李中凯；

第 5 章，冯毅雄，魏巍；

第 6 章，冯毅雄，龚勋；

第 7 章，谭建荣，裘炅；

第 8 章，谭建荣，安相华；

第 9 章，谭建荣，冯毅雄，丁力平，倪小兵，罗学优，李中凯。

全书由谭建荣、冯毅雄、洪兆溪修改并统稿。

在本书的编写过程中，作者参考了大量国内外相关论著，吸收了较多国内外学者的先进思想和研究成果，在此，谨向各位专家、学者致以诚挚的谢意。同时，由于所参考的学术论文过多，无法一一标注和列出，对此特向这些文献的作者表示歉意！同时向从事大批量定制技术研究的前辈专家、老师和同仁表示由衷的敬意和感谢！

本书全体作者根据多年的研究积累，努力系统地阐明各种大批量定制技术的基础知识、实施步骤与应用效果，并竭尽所能查找最新的一手资料，以便为读者提供真实的数据和背景信息。然而，由于相关的研究工作还有待继续深入，同时大批量定制技术本身在不断地丰富和发展，加之受研究领域和写作时间所限，因此书中瑕疵和纰漏在所难免，在此恳请读者予以批评指正并提出宝贵的意见，以激励和帮助我们在探索大批量定制技术研究之路上继续前进。

作　者

2019 年 8 月

Contents | 目录

第1章

绪论

1.1 引言

制造业是国民经济和社会发展的物质基础，是一个国家综合国力的重要体现。加入WTO后，我国制造业企业面临着更加激烈的市场竞争，如何提高市场反应速度，以最短的时间、最高的性价比来提供能够满足客户个性化需求的产品，是决定企业能否生存和发展的关键。制造业企业的设计、工艺、制造与管理部门是一个有机的整体，将上述部门进行有机的集成是一项关系到企业生存与发展的复杂工程。

世界制造业的发展经历了以下4个过程：①少品种小批量生产模式；②少品种大批量生产模式；③多品种小批量的柔性生产模式；④"先进制造技术"生产模式。

大批量生产方式为社会提供了众多的廉价产品，大大满足了消费者的基本生活需求，它是如此的实用、高效与经济，以至于人们将其视为制造生产的固有模式。近百年来，制造业的实践主要致力于具体制造技术的改进、提高和制造过程的合理组织，从而大大加强了大批量生产方式的主导地位。

20世纪70年代以后，市场环境发生了巨大的变化。从全球范围看，一个更加激烈的竞争环境正在形成，消费者的价值观正在发生结构性的变化，呈现出日趋主体化、个性化和多样化的发展。与此同时，随着更广泛、持续变化的新产品流的出现，市场演变和变革更加迅速。消费者不仅要求购置高质量、低成本和高性能的产品，而且希望产品具有恰好满足其感受的特性。新的质量概念正是意味着满意，即消费者拥有并使用某个产品时感到愉悦的本能反应。在未来消费者导向的时代，如何对市场环境的急剧变化做出迅速的反应，及时地掌握用户的需求，有效地生产和提供令用户满意的产品和服务，是当今企业不容忽视的使命。无疑，这使得以产品为中心、以规模经济为竞争优势的大批量生产方式遇到了新的挑战。同时，时间作为新的制造战略重点已得到越来越多的人的支持，而要实现面向顾客的、基于时间的制造战略，就必须采用全新的制造生产方式，先进制造生产方式正是在对大批量生产方式的质疑、反思和扬弃中应运而生的。

先进制造技术（advanced manufacturing technology，ATM）是制造业发展的必然趋势。"先进制造技术是传统制造业不断吸收机械、信息、材料和现代管理技术等方面的最新成果，并将其综合应用于产品开发与设计、制造、检测、管理和使用维护等全制造过程，优质、高效、低耗、及时地制造出满足市场需求产品的先进工程技术的总称"。先进制造技术是一个动态的，不断发展、不断变化的概念，它主要包含了以下几个大的领域：①现代设计理论与方法；②先进制造工艺与设备；③自动控制技术；④信息技术与综合自动化技术；⑤现代系统管理技术。

纵观制造业生产方式的演变过程，可以发现市场需求、技术水平和管理方式三者之间的互动关系始终推动着生产水平的不断前进。市场中的客户需求推动企业进行产品开发，这一过程提高了企业的技术水平和管理效率，使其生产出具有竞争力的产品。市场中的成功使得企业得到利润回报，所得利润用以进一步提高产品创新能力。市场需求是企业技术进步和生产方式演变的动力源泉，市场经济是由客户和需求共同组成的统一体，市场需求包括客户需求和企业需求，客户需求是得到物美价廉的产品，企业需求是实现产品的利润最大化。企业在设计生产产品时充分考虑了客户的需求，客户在选择产品时考虑了企业的技术水平和生产能力，只有在两者之间形成良好的互动关系才能实现双赢。

随着信息技术的飞速发展和广泛应用，制造业不断向信息化、敏捷化和智能化的方向发展，精益生产（lean product）、敏捷制造（agile manufacturing）、现代集成制造系统（contemporary integrated manufacturing system）、网络化制造（network manufacture）等先进生产模式不断出现，制造业企业必须采用先进的技术才能在激烈的市场竞争中生存。融合大批量生产的低成本、高质量、短交货期和定制生产满足客户个性化、多样化需求优点的大批量定制（mass customization）生产模式应运而生，其目标是以接近大批量生产的成本和速度，提供满足客户个性化需求的产品和服务，为制造业适应激烈的市场竞争提供了发展方向。

大批量定制的第一个倡导者可以追溯到美国著名未来学家 Toffler，他在 1970 年出版的 *Futurehock* 一书中首次使用 mass customization 一词，提出了一种全新的生产方式的设想：以类似于标准化和大规模生产的成本和时间，提供客户特定需求的产品和服务。1983年他又提出了一种理想化的生产系统，并称之为“非大量化”，意即这种生产系统能满足顾客个性化的需求。这些观点引起了许多读者特别是企业界和学术界人士的广泛关注。1987年Davis首次将这种生产方式称为mass customization，即大批量定制，并指出：“一般说来，与其竞争对手相比，一个企业越能在大规模基础上提供定制化产品，就越能获得更大的竞争优势。”1990年，Davis对大批量定制进行了发展，Pine在*Mass Customization：The New Frontier in Business Competition*（1993）中第一次对大批量定制进行了系统论述，此后西方许多学者开始了此方面的研究，企业也开始了这方面的尝试。1992年策略远景LLP（有限责任公司）公司创始人之一Pine Ⅱ对大批量定制进行了较为完整的描述，并指出：“企业正在经历这样一场转变，即从大规模生产标准产品转变为有效地提供满足单个客户想法和需求的产品和服务，因此产生了‘大批量定制’的制造模式。”“大批量定制的核心是产品品种的多样化和定制化急剧增加，而不相应增加成本。”“个性化定制产品的大规模生产，其最大优点是可以提供战略优势和经济价值。”他的这些表述，从此拉开了大批量定制理论研究和实践应用的序幕。

以低成本、高质量和定制化的产品和服务最大化地满足客户的个性化需求，是企业一贯追求的目标，大批量定制生产为企业实现上述目标提供了一条有效的途径。大批量定制生产以大批量生产的低成本和高效率，为客户定制个性化和多样化的产品，即以大批量的效益进行定制产品的生产。对客户而言，他所得到的是定制的、个性化的产品；对生产企业而言，该产品是以大批量生产方式制造的成熟产品。因此，大批量定制生产很好地解决了“大批量”与“定制”之间的矛盾，把两个看似矛盾的生产模式有机地综合在一起，在不牺牲企业经济效益的前提下，最大限度地满足不同客户的个性化需求。作为一种新的生产模式，大批量定制已受到学术界和工业界越来越多的关注，美国《财富》（*Fortune*）杂志曾经预言，大批量定制生产模式将改变21世纪的制造业，这种现象正如大批量生产模式改变了20世纪的制造业一样。

1.2 大批量定制的基本概念

大批量定制的定义最早是由Davis（1990）界定的，他将大批量定制定义为：一种可以通过高度灵敏、柔性和集成的过程，为每个顾客提供个性化设计的产品和服务，在不牺牲规模经济的情况下，以单件产品的制造方法满足顾客个性需求的生产模式。Pine Ⅱ(1992)将大批量定制定义为：在大批量的基础上生产和销售定制产品并提供相应的服务，它是制造业和服务业的新范式，是透视企业竞争的新方法，它将识别并实现个性化客户的需求作为重点，同时不放弃效率、效力和低成本。Mitchell等(1996)认为：大批量定制是以接近大批量生产的效率生产商品和服务以满足个性化的客户需求，其目标是通过增加多样化和定制化提供令客户满意的商品并提供相应的服务，但并不相应地增加成本和延长交货期。

我国学者在此方面也进行了大量的探索。周炳海等(2000)指出：大批量是指生产产品的批量大，定制是指按客户需求为客户提供个别的服务，大批量定制生产是一种综合考虑市场环境影响和产品的客户个性化需求的现代化大批量制造模式。徐福缘等(2001)认为：大批量定制生产是一种以类似于传统的大批量生产的成本和交货期进行定制产品生产的新的生产模式，它力图解决按照客户特殊需要组织生产而带来的产品设计开发周期长、成本高、质量不稳定等问题。邵晓峰等(2001)认为：大批量定制是在高效率的大规模生产的基础上，通过产品结构和制造过程的重组，运用现代信息技术、新材料技术、柔性技术等一系列高新技术，以大批量生产的成本和速度，为单个客户或小批量多品种市场定制任意数量的产品的一种生产模式。刘晨光等(2001)认为：大批量定制是以人、组织、技术等制造资源的有效集成为获取核心能力的基本组织原则，以“大批量”“大范围”“大联合”的有效实施作为管理运作基础，以实现产品高度个性化、快速响应变化的市场需求和具有较低的(甚至为零的)变异成本为获取市场竞争力的主要因素，以达到生产的有效性和经济性的协调统一为基本目标的一种先进生产方式。祈国宁等(2003)认为：大批量定制是一种先进的企业生产与管理模式，它集企业、客户、供应商、分销商等于一体，在系统工程思想指导下，用整体优化的观点，充分挖掘企业的潜力，在标准化技术、模块化技术、现代设计技术、并行工程和可重组制造系统等技术与思想的支持下，将定制产品的生产问题通过产品结构和制造过程的重组，全部或部分地转化为批量生产，使其既具有大批量生产的高效率、低成本，又能满足客户的个性化需求。李仁旺等(2005)认为：大批量定制是在系统思想指导下，用整体优化的观点，通过充分挖掘企业的潜力，在标准化技术、现代设计方法学、并行工程和可重组制造系统等技术和方法的支持下，最终完成根据每个客户的特殊需求以大规模生产的效率实现定制产品的过程。

从上面的论述中可以看出，尽管学者们在概念的表述形式上不尽相同，但在含义上却具有高度的一致性。我们可以将其概括为：大批量定制是以客户的需求为导向,以大批量生产的成本和速度为目标,以先进的制造技术、信息技术和管理技术为手段,实现客户个性化定制的产品或服务的一种生产方式。

1.3 大批量定制的特点与分类

1.3.1 大批量定制的特点

先进的制造技术、管理技术和信息技术是实现大批量定制的基础和保障;快速反应和低成本是大批量定制的两个支柱;个性化是大批量定制的核心。因此,大批量定制的本质特性可以从三个方面来描述:高度个性化的产品或服务,快速响应市场变化的能力,较低的定制成本。产品或服务的个性化,是指产品或服务能够最好地满足客户的个性化需求,是按照客户的要求"量身定制"的,即是真正且全面地实现深层次的"客户"主导。快速响应变化的市场需求,是指当客户的需求产生以后,能够以最快的速度设计、制造(或提供)客户所需求的产品(或服务),不会因为批量小、个性化程度高而导致生产(或服务)组织困难和加工(或服务)周期的延长,也即能够实现高度的柔性化生产(或服务)。较低的定制成本,是指在对客户的个性化需求做出快速反应的同时,并没有因此而导致产品(或服务)的成本大幅增加。由此可知,大批量定制生产方式具有以下主要特点。

(1) 以客户需求为导向。在大批量定制生产方式中,企业以客户提出的个性化需求为起点,根据客户要求设计、制造和销售产品或服务,即它是一种需求拉动型的生产方式。

(2) 以先进的信息技术与制造技术为支持。大批量定制生产要求对客户的需求做出快速反应,这就必须依赖先进的信息技术和制造技术。信息技术和电子商务的迅速发展,使企业能够快速地获取客户的订单;计算机辅助设计系统能够根据在线订单快速设计出符合客户需求的产品;柔性制造系统、计算机辅助制造等技术可以保证迅速生产出高质量的定制产品。

(3) 专业化的产品制造。在一般机械类的产品中,超过70%的功能部件存在功能和结构的相似性,一旦打破这种行业界线,利用成组技术原理(GT原理)将这些功能相似的部件按照一定类别集中起来,则很有可能形成大批量生产。也就是说,主干企业开发的产品中各种相似部件、零件的制造任务可以由这些专业化制造企业来承接,并基于成组技术采用大批量生产模式进行生产。现代制造技术十分专业和发达,因此能够给这种大批量生产模式提供支持,以克服其传统的刚性自动线局限，并在一定范围内具有可调性或可重构性，能完成较大批量的相似部件制造，为主干企业快速提供个性化商品。

（4）以模块化设计、部件标准化为基础。大批量定制的基本思想是：将定制产品的生产问题通过产品重组和过程重组转化为或部分转化为批量生产，充分利用大批量生产方式的优点。通过模块化设计、部件标准化，企业可以批量生产各模块和部件，减少定制产品中的定制部分，从而大大缩短产品的交货提前期和减少产品的定制成本。现代制造业以技术创新和产品创新来赢得市场，企业成败的关键在于能否迅速根据客户的当前需求和潜在需求抢先为其提供产品。模块化产品还有便于分散制造和容易寻找合作企业的优点，新产品开发的核心（主干）企业所做的工作是产品的持续创新研究、设计和开拓市场，产品制造环节则完全可以分散出来由专业化制造企业来完成。这种企业模式就是只抓产品设计研究和市场开拓的哑铃型企业，从而使主干企业摆脱了传统的“大而全、小而全”的橄榄型模式。另外，模块化产品还具有“用户只需更新个别模块即能满足新的要求，不需要重新购买一种新产品”的显著特点，这样就能节省客户成本，并且还能尽可能减少原料的浪费，符合国际环保大趋势。

（5）伙伴化的合作企业关系。传统的供求关系管理模式中，制造商与供应商只是一般的合同关系，双方站在各自的立场，总想着如何才能最大限度地摆脱对方的限制，使自己的利益最大化。于是不断地讨价还价，导致彼此间的协同合作程度难以提高，信任危机日趋严重。然而大批量定制生产模式的前提是新产品开发企业与专业化制造企业间的有效合作、互相依存，两者是双赢的合作关系，这样就从根本上消除了不信任导致的各种危机，同时也能形成和谐的长久合作企业关系。

（6）以质量为前提。在大批量定制中，由于产品是定制的，客户退回的产品无法像大规模生产的标准产品一样还可以销售给其他客户。要保证企业能有效运行，则要求有高质量的产品设计和工艺设计作为前提，要求有零缺陷的制造或服务过程作为保障，要求有顾客满意的售后服务作为补充与完善。

（7）以敏捷为标志。在传统的大规模生产方式中，企业与消费者是一对多的关系，企业以不变应万变。而在大批量定制中，企业与消费者是一对一的关系，企业面对的是千变万化的需求，要快速满足不同顾客的不同需求，要求企业具有快速的反应机制，即通常所说的敏捷组织。这种敏捷不仅体现在敏捷的产品开发、柔性的生产设备、多技能的人员等方面，而且还表现为组织结构的扁平化和精炼。

（8）以供应链管理为手段。在未来市场经济中，企业竞争不再是企业与企业之间的竞争，而是供应链与供应链之间的竞争。在大批量定制中，企业可以充分利用外部资源，在产品开发、设计、制造、装配、销售和服务的全过程，通过供应链管理将合作企业联结起来，按大批量定制生产方式实行有效的控制与管理。

(9) 网络化的生产组织和管理。互联网的普及和应用是21世纪的重要事件，制造业也在这股大趋势中随势而变，据此快速组成虚拟公司制造新产品。开发新产品的核心(主干)企业可以在网络上发布产品的结构及所需合作企业的各项条件；同样，那些专业化制造企业也可以利用网络发布自己的优势及合作意图。主干企业据此寻找到合作伙伴，树立共担风险和双赢的战略目标，通过企业大联合来合作开发和生产新产品。这种联合是动态的，组成的也只是虚拟公司，其存在只为某种产品，产品生命周期一旦结束，这类公司也就随之结束，也可能会根据需要调整成为为了另一种产品而存在的新联合。以这种方式构成的虚拟企业，可以将产品开发、设计、制造、装配、销售和服务的全过程予以实现。合作企业通过社会供应链管理系统有效地联结起来，在大批量定制生产模式下实施有效的控制与管理。这种生产组织和管理的网络化，最大优势是能够合理优化产品从开发到销售的全过程，提高生产效率，有效降低生产成本。

1.3.2 大批量定制的分类

从理论上来说，实施大批量定制生产方式的企业要满足顾客所有的需求，而实际上，我们看到更多的企业只是提供更多样化的模块或产品(或服务)供消费者选择。这是定制化程度的问题，一直以来也是大批量定制争论的主要焦点问题。有些学者认为，解决这个问题的方法是企业可以确定产品或服务定制的范围，顾客再在这个范围内做出选择；有些学者则认为，成功的大批量定制系统应该能够将真正的个性化与高弹性的部件变化和标准的过程综合在一起，来满足顾客的需求。由于顾客的定制需求程度各异，因此大批量定制从定制这一角度可以分为不同的层次。

学者们从产品的性质、企业的技术水平、供应商的参与程度、顾客的要求程度等不同的角度对定制化程度进行了分析，并对大批量定制进行了分类，梳理如下。

(1) Lampel和加拿大著名战略理论家Mintzberg(1996)认为，在完全定制与完全标准化之间存在一个战略的连续集，并根据顾客参与设计的程度提出了大批量定制的五种类型，即完全标准化、部分标准化、定制标准化、剪裁定制化和完全定制化。

① 完全标准化，是指大量生产标准化产品。

② 部分标准化，是指为各细分市场提供不同的产品和服务，即多样化生产标准化产品。

③ 定制标准化，是指从选择标准化的部件开始进行定制。

④ 剪裁定制化，是指从产品的制造阶段开始定制。

⑤ 完全定制化，是指从产品的设计阶段开始定制。

（2）Ross（1996）按定制发生点的位置不同，将定制分为核心式定制、多样化定制、生产后定制、零售式定制以及自适应定制五种不同的定制类型。

① 核心式定制，即顾客能够修改核心部件。

② 多样化定制，是指由品种多样化推进的定制。

③ 生产后定制，是指产品生产后通过对服务的定制来实现定制。

④ 零售式定制，是指在零售商处实现的定制。

⑤ 自适应定制，是指客户根据自己的需要来进行定制。

（3）Pine Ⅱ和 Gilmore（1997）根据定制切入点的不同和客户偏好的不同把大批量定制生产分为合作型定制、预测型定制、适应性定制和装饰性定制四大类。

① 合作型定制，是指定制企业通过与客户交流和合作，帮助客户澄清需要，准确设计并且制造出能够满足客户需要的个性化产品和服务，这是一种客户参与的定制。

② 预测型定制，是指企业在深入了解客户的具体要求的基础上，根据预测为客户分别提供所需的个性化产品和服务，而客户不参与定制过程，也不知道这些产品和服务是为他们定制的。

③ 适应性定制，是指企业为所有人提供标准化的产品，但是在客户使用它们的过程中，这些产品能够自动调整或客户可以根据其特殊需要进行适应性修改和重新配置。

④ 装饰性定制，是指企业以不同的包装把同样的产品提供给不同的客户。这种定制方式适用于客户对产品本身并无什么特殊要求，但要求包装符合其特定要求的情况。

（4）Alford 等（2000）根据顾客参与设计、装配和销售过程的不同程度把汽车业的定制分为外形定制、选项定制和核心定制三种类型。

① 外形定制，是指在汽车销售商处进行的定制，如客户要求增加一些新的部件或变更一些标准件。

② 选项定制，允许客户从各种选项中选择模块，不改变产品的设计，定制活动从汽车装配开始。

③ 核心定制，是指客户参与汽车的设计过程，汽车完全是按客户的特定需求设计的。

(5) 祁国宁、顾新建和李仁旺(2000)引入了客户订单分离点(customer order discoupling point，CODP)的概念，他们按 CODP 在生产过程中的位置不同，将生产方式分为按订单销售(或称为库存生产)、按订单装配、按订单制造、按订单设计四类。

① 按订单销售，是指在产品销售阶段，客户根据个性化的要求选择企业提供的标准化产品或服务。

② 按订单装配，是将预测生产的库存部件装配成客户需要的定制产品。其装配和销售活动是由客户订货驱动的。

③ 按订单制造，是根据已有的部件模型，对部件进行制造和装配后向客户提供定制产品。其采购、部分部件制造、装配和销售是由客户订货驱动的。

④ 按订单设计，是指必须重新设计某些部件才能满足客户订单的需求，进行制造和装配后向客户提供定制产品。其全部或部分产品的设计、采购、部件制造、装配和分销等都是由客户订单驱动的。

(6) 邵晓峰、黄培清等(2001)根据企业定制活动在设计、制造、装配和销售生产过程中开始的阶段，把大批量定制划分为设计定制、制造定制、装配定制和自定制四种类型。

① 设计定制，是指根据客户的具体要求，设计能够满足客户特殊要求的产品。在这种定制方式中，开发设计及其下游的活动完全是由客户订单所驱动的。

② 制造定制，是指接到客户订单后，在已有的部件、模块的基础上进行变型设计、制造和装配，最终向客户提供定制产品的生产方式。在这种定制生产中，产品的结构设计是固定的，变型设计及其下游的活动由客户订单所驱动。

③ 装配定制，是指接到客户订单后，通过对现有的标准化的部件和模块进行组合装配，向客户提供定制产品的生产方式。在这种定制方式中，产品的设计和制造都是固定的，装配活动及其下游的活动是由客户订单驱动的。

④ 自定制，是指产品完全是标准化的产品，但产品是可客户化的。客户可从产品所提供的众多选项中选择当前最符合其需要的一个选项。因此，在自定制方式中，产品的设计、制造和装配都是固定的，不受客户订单的影响。

此外，Duray 等(2000)从顾客参与的起始点在价值链的不同位置和产品模块化的不同类型两个维度，提出了大批量定制的四种类型：创造式、参与式、模块化式和组装式。Swaminathan(2001)根据产品是否模块化和流程是否模块化两个维度，提出了大批量定制的四种类型：部件标准化、流程标准化、产品标准化和采购标准化。Piller和Stoko(2002)根据企业与顾客的交互程度和产品的可数字化程度两个维度，提出了大批量定制的四种类型：添加式、吸引注意力式、产品构成式和利用电子服务创新式。Silveira等(2001)在综述了文献中的多种分类方法之后，提出了大批量定制的一般化的八种类型，包括始于设计的定制、始于制造的定制、始于装配的定制、额外的定制、额外的服务、包装和分发的定制、始于使用的定制和标准化的定制，这八种类型的大批量定制表明定制可以起始于价值链的任何节点。

1.4 大批量定制的理论和实践

1970年，Toffler在*Future Shock*(《未来的冲击》)一书中提出了一种全新的生产方式的设想：以类似于标准化或大批量生产的成本和时间，提供满足用户特定需求的产品和服务。1987年，Davis在*Future Perfect*(《未来的理想生产方式》)一书中首次将这种生产方式称为Mass Customization，即大批量定制，简称MC。这种能满足用户的真正需求而又不牺牲效益和成本的新的生产方式目前得到了较快的发展，正在开始成为企业竞相选用的一种有效的竞争手段。1997年底，美国乔治·华盛顿大学的一个专门小组对新兴技术发展作了预测，提出了世界未来的85项新兴技术，其中包括大批量定制技术。

大批量定制的概念可以从广义和狭义两个方面理解。从广义来看，大批量定制作为一种现代生产和管理模式，面向多元化的、细分的市场和个性化的客户需求，在大批量的基础上生产和销售定制产品并提供相应的服务，它代表通过高度的过程敏捷性、柔性和集成性向每个客户提供个性化的产品和服务，从而获得范围经济的能力；从狭义来看，大批量定制作为一种方法和技术，被看成是利用信息技术、柔性的过程和敏捷的组织机构，以接近大批量生产的效率和成本提供能满足各个客户特殊需求的一系列产品并提供相应的服务。它是一个贯穿营销、开发、生产和递送(即从客户提出需求到收到最终产品)全过程的系统的概念。由此可见，大批量定制的实现是一种渐进的过程，一种不断优化的过程。在批量不变的情况下，成本不断降低；在成本不变的情况下，批量不断减少。大批量定制模式无论有多少种，其哲理都是相同的，即努力以大批量的效益进行定制产品的生产，以满足用户的个性化和定制化需求。

目前，世界上许多国家都广泛开展了大批量定制相关技术的研究工作。大批量定制技术的研究现状综述如下。

Pine与Gilmore在美国俄亥俄州共同创立了Strategic Horizon LLP工作室，专门为企业提供大批量定制方面的咨询服务，帮助企业寻求正确的发展道路。Pine指出，生产标准化产品的大批量生产方式一直是美国经济持续增长的源动力，但现在情况变化了，大批量生产的有效性已经不复存在，美国制造业必须停止依赖大批量生产方式，而应该采用更能满足市场定制需求的新的生产方式，即大批量定制。大批量定制是由大批量和定制这两个看似矛盾的方面组成的，Pine对大批量定制进行了系统的阐述并给出了确切的定义，进一步完善和发展了大批量定制的理论。

美国的Wentz在1999年出版的*Transformation Change*一书中指出，大批量生产观念在某种程度上阻碍了大批量生产向大批量定制的转变。Wentz认为，组织机构的变革和观念的转变对于大批量定制起着关键的作用。

美国的Duray等通过对美国126家50人以上的大批量定制中小企业的实例研究分析，提出了一个大批量定制分类的结构模型，对不同大批量定制策略所应该采取的加工方式、过程控制、计算机辅助技术、制造技术以及管理技术等进行了系统的比较分析。

德国的Piller在2001年出版的*Mass Customization*一书中，从实际应用的角度详细介绍了大批量定制的原理和策略，并列举了20多个实际案例。

MacCarthy是英国诺丁汉大学经营管理学教授，大批量定制研究中心（The Mass Customization Research Centre）的主任，他领导的一个经营管理的课题组从事工商企业管理和大批量定制等方面的理论和应用研究，同时也开展与服装、汽车、食品等企业的合作研究工作，取得了不错的成绩。

香港科技大学在大批量定制方面的研究卓有成效。该校的Mitchell等人提出了一种面向大批量定制生产的设计方法（design for mass customization，DFMC），建立协同设计系统进行面向产品族的定制设计。在产品的概念设计阶段考虑产品制造生产方式和规模效益，面向产品全生命周期进行全局规划，其核心思想是建立合理的产品平台或者产品族结构，向用户提供满足其个性化需求的多样化产品，而在企业内部是对产品平台的组合设计或者变异设计。香港科技大学工业工程及工程管理学系的Tseng（曾明哲）教授长期从事大批量定制研究和应用，尤其是在DFMC方面的研究更为深入。DFMC的核心是面向产品族结构（PFA）进行产品族开发。从整个产品族的角度来看，采用PFA的描述使得产品设计和制造过程的重用能力得以优化，PFA是实现客户个性化产品启发配置设计的基础。DFMC是面向产品族的，其本质是充分识别和利用产品设计和制造过程中的相似性，它是实现大批量定制的一种有效方法。

清华大学、浙江大学、中国科学院软件研究所、上海交通大学、大连理工大学和上海理工大学等在国家863计划CIMS主题和国家自然科学基金等的资助下，开展了不少与大批量定制有关的理论和实践研究，取得了许多研究和应用成果。祁国宁、顾新建等人在《大批量定制技术及其应用》一书中阐述了大批量定制的基本原理，即相似性原理、重用性原理、全局性原理，分析了其机理和优化模型，研究了大批量定制开发设计技术、管理技术和制造技术的特点，分析了大批量定制和其他先进制造技术的关系和区别，同时列举了大批量定制在机械产品、汽车、飞机、电子产品、服装和软件行业中的应用案例。

大批量定制正在成为制造业的主流生产模式，越来越多的行业由于采用了大批量定制的生产模式而显著提高了企业运行的效率。

(1) 汽车工业的大批量定制。汽车工业的大批量定制主要以模块化的思想来进行。20世纪90年代以来，西方国家大型汽车部件企业推行一种模块化技术，其核心是利用电子技术和多领域的高新技术进行系统集成，简化汽车部件产品的构成，便于国际化采购。此外，世界汽车主要生产企业的部件自制率已降到了30%，而70%以上的部件都在全世界范围内进行采购。这样既降低了成本，又提高了产品的质量。我国汽车制造业也逐渐在通过产品的模块化和生产的模块化并通过信息技术和新的制造模式及管理技术的结合，缩小我国和发达国家在汽车工业上的差距。

(2) 家电工业的大批量定制。世界最大的家电制造商之一伊莱克斯推出了可根据用户要求自由选配部件的冰箱。用户不仅可以根据需要选择不同容积、不同功能特点的冰箱，而且可以根据自己的审美要求、家居装饰选择不同色彩、不同图案、不同材质的自由组合。我国的海尔集团也采用了大批量定制的生产方式，公司以极富个性化的创造理念，为适应用户所需，在网上电子商城推出用户个性化定制栏目，在这里用户可以随心所欲地装配自己喜欢的冰箱。

(3) 机床工业的大批量定制。我国台湾地区的机床业近年来迅速崛起，其中的重要原因就是采用了专业化分工，许多厂的外配件在60%以上；不同厂家的产品采用了相同的部件；企业与市场联系密切，以市场需求为导向。上述这些都体现了大批量定制生产的思想。

(4) 航空工业的大批量定制。波音公司在开发 777 机型的过程中采用了模块化设计过程。面对结构复杂、品种繁多、零件数以百万计的大型民用客机,波音公司将飞机中的部件分为三类:①基本的、稳定的无个性特性件;②客户的可选件;③客户特定的部件。由于第一、二类部件的数量占了生产一架飞机 90%左右的工作量,这意味着接到订单时 90%的工作量已经完成或接近完成,大大缩短了生产周期,降低了库存量和生产成本。

(5) 船舶工业的大批量定制。船舶生产企业将不同船舶产品中的相似部件模块化,使之成为一种中间产品,并集中在同一生产线上制造,则可使生产线的流动速度大大加快。即使这些中间产品在细节上存在着某些差异,但生产工人每天看到的都是同类型的作业,可以以相当高的效率完成,然后将这些大批量生产的部件组合成为各种不同的船舶。

(6) 软件工业的大批量定制。浪潮齐鲁软件公司的“大批量定制”科技核心创新体系打破了软件开发人员从定义、设计到维护一包到底的传统习惯,以现代企业大批量生产的高品质和低成本,适应单个用户或少批量多品种的市场需求,可定制生产任意数量的产品。这是目前国际上 IT 行业最新的一种生产模式。据介绍,浪潮齐鲁软件这种新建立的“大批量定制”的生产模式,可根据软件研制过程中的定义、设计、编码、调试、维护 5 个阶段,专设多个相关部门,实行专业管理,已呈现出专业化技术、多样化产品、个性化方案与服务的企业运行特色。

(7) 计算机行业的大批量定制。实行大批量定制的著名企业之一就是美国戴尔公司。该公司创立之初,其主要业务就是给客户提供电脑组装服务。由于其与业界的 IBM、惠普等著名公司在研发能力和核心技术方面有着很大差距,因此只有另辟蹊径才能在市场竞争中占据一席之地。于是,戴尔公司在发展过程中着重研究成本控制和制造流程优化等内容,创造性地发明了直销模式,与客户直接建立联系,定制生产客户要求的计算机。这样一来,通过减少中间渠道,可以最大限度地降低成本。戴尔公司通过实施大批量定制的供应链管理,使其与供应商实现有效合作和虚拟整合,增强其提高效率、降低成本的优势,即培育企业的核心竞争力。戴尔公司的成功实质上是组织管理的运用得当。现在,诸如可口可乐公司、宝马公司、摩托罗拉公司等著名高科技公司都开始采用大批量定制模式,以保持或争取新的竞争优势,在新的竞争中占领更大的市场。

总体来讲,国内外的大批量定制生产实践主要集中在以下方面。

(1) 加强企业与供应商关系的协调管理。在大批量定制生产模式下,负责开发新产品的核心（主干）企业与专业化制造企业应建立一种战略伙伴关系，这种关系强调的是双方由传统的非合作性竞争采购走向合作性竞争采购。只有协调管理有效实施，才能实现核心（主干）企业与专业化制造企业的双赢。

（2）加快实现制造系统模块化。根据前文所述，与模块化的产品设计相似，模块化的生产也具有良好的可替代性。即使客户需求出现变化或者有意外事故出现时，模块化的生产也能够满足和解决。这种适应动态需求变化的功能增强了制造系统的柔性和速度，从而可以满足大批量定制的要求。

（3）保证制造系统的动态组合和调整能力。传统制造系统规划的特点是合理安排车间、制造单元的布局，以加快工件的流动，减少排队等待和运输时间等。而大批量定制制造系统规划的目标除此之外，还要保证制造企业的动态组合和调整能力，以满足大批量定制所要求的柔性和响应速度。

（4）柔性物流系统。大批量定制下的物流系统必须可以传输任何物品（不受体积、重量、形状的限制），同时不用轨道，也没有路线的要求，可以提高传输速度，减少安装时间，增强自恢复能力和智能化向导能力。目前，一些物料运输系统和装置在可重组性和柔性方面都有较为全面的考虑。模块化的传送带将传送带模块分为线性传送带模块和连接传送带模块。将这些模块进行组合，可以形成不同形式的传送带，通过改变模块的方向和位置，可以达到快速调整传输路线、提高效率的目的。

（5）减少生产准备工作。生产准备工作的减少是大批量定制生产的重要前提。在大批量生产模式下，仍然需要依靠流水式生产，制造商通过增加批量，把需要降低的成本尽可能多地分摊到产品中。大批量定制的极端情况是，每种产品的批量为一。批量为一的能力依赖于生产准备工作的减少，如果生产准备工作能够减少，那么制造商就可以做到按订单生产。信息时代的企业竞争，其实质就是时间的竞争，获取更多的客户是取胜的关键。我国制造企业应该加强对客户需求的快速反应，培育更有战略意义的企业核心价值，引入大批量定制这一生产方式，这是我国企业顺应世界经济发展趋势、获得长足发展的重要途径。

1.5 本书的篇章结构

本书全面系统地阐述了与大批量定制中的产品设计、制造与供应链有关的理论、技术、方法及应用案例。全书共包括 9 章内容，除第 1 章作为介绍大批量定制的绪论部分外，第 2～8 章着重介绍与大批量定制有关的最新具体技术，第 9 章则给出了与大批量定制有关的具体案例。

第 2 章提出了基于证据推理的产品细分需求建模技术，以定制产品的客户需求为中心，介绍了定制产品客户需求的物元表达和筛选，进行了基于定制产品的客户需求群划分，建立了定制产品质量特性的优化决策模型。

第 3 章提出了基于质量准则的产品模块智能规划技术，以满足质量要求的定制产品模块智能规划为主题，介绍了定制产品的多尺度规划准则，构建了定制产品的初始模块 ISM，制定了定制产品模块智能规划策略，实现了定制产品模块智能规划的有效求解。

第 4 章提出了基于多目标进化的产品族调节重构技术，以产品族调节重构为核心，介绍了产品族多目标优化及多目标进化算法的相关概念，提出了基于多目标进化算法的产品族调节重构设计方法（MOPDM），并建立了拥挤距离排序多目标粒子群算法用于 MOPDM 中多目标优化问题的求解。

第 5 章提出了基于模糊评价的产品个性化配置寻优技术，以产品个性化配置为中心，介绍了定制产品个性化配置的基础，构建了以定制产品性能、成本及出货期为目标函数的个性化配置优化重组模型，并应用智能算法实现了定制产品的个性化配置寻优求解。

第 6 章提出了基于基因模型的产品结构适应性变异设计技术，围绕产品结构适应性变异这一主题，介绍了定制产品复杂运行工况下的环境剖面表达，构建对应的环境剖面差序基因模型，提出了运行工况驱动的定制产品结构适应性变异设计方法。

第 7 章提出了基于分布联盟的产品数据协同变更管理技术，以定制产品的数据管理为核心，建立了企业分布联盟的协同设计项目管理框架，在此基础上设计了企业分布联盟工程变更集成模型，形式化描述了大批量定制中分散式资源的集成和企业间流程的集成过程。

第 8 章提出了基于组合优化的产品质量规划与供应链构建技术，以产品质量规划为主体，介绍了定制产品部件尺度质量规划及供应链构建的问题，建立了定制产品质量控制的优化模型并实现了求解，然后以此为基础，提出了定制产品供应商的动态多属性评价与选择方法。

第 9 章以大批量定制产品设计制造的应用为核心，介绍了大批量定制技术在数控加工中心、立体停车库、高速乘客电梯与离心式空气压缩机等典型批量定制产品的设计制造过程中的应用。

第2章

基于证据推理的产品细分需求建模技术

客户需求是大批量定制产品开发的驱动源，从客户需求中提取产品质量特性是保证定制产品质量和提高客户满意度的基础。完善合理的大批量定制产品定义必须有效地将客户的需求转化为产品设计的详细说明和资源的优先顺序，从而保证产品的竞争优势。此外，定制产品的设计过程就是客户需求的实现过程，必须将客户需求融入产品设计的全过程。对于客户需求群划分过程中的不足，本章以物元模型描述客户需求的具体属性，并采用蚁群聚类算法对客户需求群进行聚类划分。针对质量功能展开(quality function deployment, QFD)过程中信息处理方法普遍存在不精确、不协调和可行性有限等问题，提出了基于递归证据推理的不确定信息处理和质量特性提取的方法，建立了产品质量特性的优化决策模型，以有效提取客户需求群质量特性。

2.1 客户需求群物元细分

定制产品的开发模式是以客户的需求相似性为基础，形成一定范围内的客户需求群，并针对不同的客户群实施相应的产品设计，以最小的产品变型来快速满足多样化与个性化的客户需求。因此，如何合理有效地对客户需求进行聚类划分是正确定义和规划定制产品的前提与基础。

2.1.1 客户需求的物元表达与筛选

给定产品对象 P，客户对该产品的需求特征 r 和 P 关于 r 的量值 v，以有序三元组 $S=(P,r,v)$ 构成的物元定义为客户的需求物元。需求物元是对客户需求的物元描述，用以表达客户需求信息与特征。

通常，先通过市场调查、客户面谈或数据收集等方式得到客户需求初选集，初选集所包含的需求描述存在大量模糊、冗余的信息，甚至各个需求之间可能相互冲突。

假设客户需求初选集为 $R_C^0=\{r_1^0,r_2^0,\cdots,r_m^0\}$，其中元素 r_i^0 和 r_j^0 之间在所包含内容上可能存在以下三种关系。

(1) 包容关系。如果 r_i^0 包含的内容是 r_j^0 所包含内容的子集，则称 r_i^0 与 r_j^0 是包容关系。

(2) 交叉关系。如果 r_i^0 包含的内容与 r_j^0 所包含内容存在交集，则称 r_i^0 与 r_j^0 是交叉关系。

(3) 独立关系。如果 r_i^0 包含的内容与 r_j^0 所包含内容无关，则称 r_i^0 与 r_j^0 是独立关系。

因此，为了减少 QFD 转化过程中的模糊、不明确以及冗余的信息，需要对初选集中的客户需求进行筛选。可通过需求物元的可拓变换，实现对客户需求的整理分析。假设 S_i^0、S_j^0 为任意两客户的需求物元，则筛选整理的相关物元变换规则如下。

(1) 若 $S_i^0\subset S_j^0$，则客户需求之间存在包容关系，可由删减变换 $S(I\rightarrow(S-\Delta S))$，将被包容的需求特征去掉。

(2) 若 $S_i^0\cap S_j^0\neq\varnothing$，则客户需求之间存在交叉关系，可由分解变换 $S(I\rightarrow(S_1\oplus S_2\oplus\cdots\oplus S_n))$ 以及删减变换 $S(I\rightarrow(S-\Delta S))$ 将交集部分去掉，并构建新的客户需求特征。

(3) 若 $S_i^0\cap S_j^0=\varnothing$，则客户需求之间为独立关系，不需作物元变换。

经过筛选处理后，得到产品 P 的客户需求特性的待选集 $R'_C=\{r'_1,r'_2,\cdots,r'_k\}$，此时，待选集中的任意需求特性元素 r'_i，r'_j 可能存在以下四种关系。

(1) 不相关关系。如果 r'_i 的满足或实现不会给 r'_j 造成任何影响，则称 r'_i 与 r'_j 是不相关关系。

(2) 正相关关系。如果 r'_i 的满足或实现有益于 r'_j 的满足或实现，则称 r'_i 与 r'_j 是正相关关系。

(3) 负相关关系。如果 r'_i 的满足或实现将阻碍 r'_j 的满足或实现，则称 r'_i 与 r'_j 是负相关关系。

(4) 互斥关系。如果 r'_i 与 r'_j（部分或全部）不能同时被满足或实现，则称 r'_i 与 r'_j 是互斥关系。

在前述相关关系的基础上，对待选集中的需求特征进行进一步筛选，适当取舍具有互斥关系的需求特征，根据需要保留具有不相关关系、正相关关系和负相关关系的需求特征，最后得到筛选后的客户需求筛选集 $R_C=\{r_1,r_2,\cdots,r_n\}$，作为所有客户的需求物元特征。由此，可得全体客户 $CU=\{CU_1,CU_2,\cdots,CU_t\}$ 的需求物元

$$\Gamma(S) = S_1 \cup S_2 \cup \cdots \cup S_t$$

式中，$S_t=(P, r, v_t)$，$r \in R_C$。

2.1.2 客户需求物元的相似度计算

海明距离与欧式距离

在获得多个客户需求物元后，需要分析这些需求物元之间的差异，将其作为客户需求群细分的依据。通过客户需求物元的聚类划分，使得同一细分群体内的客户需求具有较大相似度，不同客户需求群之间的需求具有一定的差异性。为了对客户需求物元进行相似性度量，需要计算各需求物元之间的距离。由于客户需求物元的特征量值直接描述了客户对产品的量化需求，因此，从各特征量值之间的距离入手，分析可计算需求物元距离的计算方法。

通常，需求物元的特征量值有离散型和区间型两种，特征量之间的距离有点到点、点到区间以及区间到区间三种情况，因此，常用的距离计算方法（如海明距离和欧式距离）不适用于物元特征量值间的距离描述。Liem 提出了一种可计算两区间距离的计算公式，具体如下。

假设两区间分别为 $A=[a_1, a_2]$，$B=[b_1, b_2]$，其中，a_1、a_2、b_1、b_2 均为实数，则区间 A 和区间 B 之间的距离 $D(A, B)$ 由下式得出：

$$D^2(A,B) = \int_{-1/2}^{1/2}\int_{-1/2}^{1/2}\left\{\left[\frac{a_1+a_2}{2}+x(a_2-a_1)\right]-\left[\frac{b_1+b_2}{2}+y(b_2-b_1)\right]\right\}^2 \mathrm{d}x\mathrm{d}y$$

$$= \left(\frac{a_1+a_2}{2}-\frac{b_1+b_2}{2}\right)^2+\frac{1}{3}\left[\left(\frac{a_2-a_1}{2}\right)^2+\left(\frac{b_2-b_1}{2}\right)^2\right] \tag{2-1}$$

度量空间理论规定，对于空间集 X 中的任意两点 p、q，其距离函数 $d(p,q)$ 必须满足以下条件：

(1) 如果 $p \neq q$，则 $d(p,q)>0$；

(2) 如果 $p=q$，则 $d(p,q)=0$；

(3) $d(p,q)=d(q,p)$；

(4) 对于任意 $h \in X$，$d(p,q) \leqslant d(p,h)+d(h,q)$。

显然，式(2-1)不满足条件(2)，因此，该计算公式不能作为区间型空间的距离度量函数。为此，定义区间型空间的距离函数如下。

对任意两区间 $A=[a_1, a_2]$，$B=[b_1, b_2]$，且 $A \cap B = E = [e_1, e_2]$，其中，$a_1$、$a_2$、$b_1$、$b_2$、$e_1$、$e_2$ 均为实数，它们之间的距离 $D(A, B)$ 由下式得出：

$$D^2(A,B) = \int_{-1/2}^{1/2}\int_{-1/2}^{1/2}\left\{\left[\frac{a_1+a_2}{2}+x(a_2-a_1)\right]-\left[\frac{b_1+b_2}{2}+y(b_2-b_1)\right]\right\}^2 \mathrm{d}x\mathrm{d}y -$$

$$\int_{-1/2}^{1/2}\int_{-1/2}^{1/2}\left\{\left[\frac{e_1+e_2}{2}+x(e_2-e_1)\right]-\left[\frac{e_1+e_2}{2}+y(e_2-e_1)\right]\right\}^2 \mathrm{d}x\mathrm{d}y$$

$$=\left(\frac{a_1+a_2}{2}-\frac{b_1+b_2}{2}\right)^2+\frac{1}{3}\left[\left(\frac{a_2-a_1}{2}\right)^2+\left(\frac{b_2-b_1}{2}\right)^2\right]-\frac{1}{6}(e_2-e_1)^2 \tag{2-2}$$

规定，若 $A\cap B=E=\varnothing$，则 $e_2-e_1=0$。

现证明式(2-1)满足距离函数度量条件。

对于条件(1)，因为 $E=A\cap B$，且 $A\neq B$，易得

$$a_2-a_1>e_2-e_1,\quad b_2-b_1>e_2-e_1$$

所以

$$\begin{aligned} D^2(A,B)&=\left(\frac{a_1+a_2}{2}-\frac{b_1+b_2}{2}\right)^2+\frac{1}{3}\left[\left(\frac{a_2-a_1}{2}\right)^2+\left(\frac{b_2-b_1}{2}\right)^2\right]-\frac{1}{6}(e_2-e_1)^2\\ &>\left(\frac{a_1+a_2}{2}-\frac{b_1+b_2}{2}\right)^2+\frac{1}{3}\left[\left(\frac{e_2-e_1}{2}\right)^2+\left(\frac{e_2-e_1}{2}\right)^2\right]-\frac{1}{6}(e_2-e_1)^2\\ &=\left(\frac{a_1+a_2}{2}-\frac{b_1+b_2}{2}\right)^2\geqslant 0 \end{aligned} \tag{2-3}$$

因此，条件(1)得证。

对于条件(2)，因为 $A=B$，所以

$$a_1=b_1=e_1,\quad a_2=b_2=e_2$$

可得

$$D(A,B)=0$$

因此，条件(2)得证。

对于条件(3)，因为

$$\begin{aligned} D^2(A,B)&=\left(\frac{a_1+a_2}{2}-\frac{b_1+b_2}{2}\right)^2+\frac{1}{3}\left[\left(\frac{a_2-a_1}{2}\right)^2+\left(\frac{b_2-b_1}{2}\right)^2\right]-\frac{1}{6}(e_2-e_1)^2\\ &=\left(\frac{b_1+b_2}{2}-\frac{a_1+a_2}{2}\right)^2+\frac{1}{3}\left[\left(\frac{b_2-b_1}{2}\right)^2+\left(\frac{a_2-a_1}{2}\right)^2\right]-\frac{1}{6}(e_2-e_1)^2\\ &=D^2(B,A) \end{aligned} \tag{2-4}$$

所以

$$D(A,B)=D(B,A)$$

因此，条件(3)得证。

对于条件(4)，不妨设空间中的任意一点为 $H=[h_1,h_2]$，$A\cap H=$

$[s_1,s_2]$，$B\cap H=[g_1,g_2]$，则

$$
\begin{aligned}
&[D(A,H)+D(H,B)]^2-D^2(A,B)\\
=&\left\{\left(\frac{a_1+a_2}{2}-\frac{h_1+h_2}{2}\right)^2+\frac{1}{3}\left[\left(\frac{a_2-a_1}{2}\right)^2+\left(\frac{h_2-h_1}{2}\right)^2\right]-\frac{1}{6}(s_2-s_1)^2\right\}+\\
&\left\{\left(\frac{b_1+b_2}{2}-\frac{h_1+h_2}{2}\right)^2+\frac{1}{3}\left[\left(\frac{b_2-b_1}{2}\right)^2+\left(\frac{h_2-h_1}{2}\right)^2\right]-\frac{1}{6}(g_2-g_1)^2\right\}+\\
&2\sqrt{\left(\frac{a_1+a_2}{2}-\frac{h_1+h_2}{2}\right)^2+\frac{1}{3}\left[\left(\frac{a_2-a_1}{2}\right)^2+\left(\frac{h_2-h_1}{2}\right)^2\right]-\frac{1}{6}(s_2-s_1)^2}\cdot\\
&\sqrt{\left(\frac{b_1+b_2}{2}-\frac{h_1+h_2}{2}\right)^2+\frac{1}{3}\left[\left(\frac{b_2-b_1}{2}\right)^2+\left(\frac{h_2-h_1}{2}\right)^2\right]-\frac{1}{6}(g_2-g_1)^2}-\\
&\left\{\left(\frac{a_1+a_2}{2}-\frac{b_1+b_2}{2}\right)^2+\frac{1}{3}\left[\left(\frac{a_2-a_1}{2}\right)^2+\left(\frac{b_2-b_1}{2}\right)^2\right]-\frac{1}{6}(e_2-e_1)^2\right\}
\end{aligned}
\tag{2-5}
$$

因为 $A\cap H=[s_1,s_2]$，所以 $a_2-a_1\geqslant s_2-s_1$，且 $h_2-h_1\geqslant s_2-s_1$，所以有

$$
\begin{aligned}
&\frac{1}{3}\left[\left(\frac{a_2-a_1}{2}\right)^2+\left(\frac{h_2-h_1}{2}\right)^2\right]-\frac{1}{6}(s_2-s_1)^2\\
\geqslant&\frac{1}{3}\left[\left(\frac{s_2-s_1}{2}\right)^2+\left(\frac{s_2-s_1}{2}\right)^2\right]-\frac{1}{6}(s_2-s_1)^2=0
\end{aligned}
$$

同理可得

$$
\frac{1}{3}\left[\left(\frac{b_2-b_1}{2}\right)^2+\left(\frac{h_2-h_1}{2}\right)^2\right]-\frac{1}{6}(g_2-g_1)^2\geqslant 0
$$

所以

$$
\begin{aligned}
&[D(A,H)+D(H,B)]^2-D^2(A,B)\\
\geqslant&\left\{\left(\frac{a_1+a_2}{2}-\frac{h_1+h_2}{2}\right)^2+\frac{1}{3}\left[\left(\frac{a_2-a_1}{2}\right)^2+\left(\frac{h_2-h_1}{2}\right)^2\right]-\frac{1}{6}(s_2-s_1)^2\right\}+\\
&\left\{\left(\frac{b_1+b_2}{2}-\frac{h_1+h_2}{2}\right)^2+\frac{1}{3}\left[\left(\frac{b_2-b_1}{2}\right)^2+\left(\frac{h_2-h_1}{2}\right)^2\right]-\frac{1}{6}(g_2-g_1)^2\right\}+\\
&2\left|\frac{a_1+a_2}{2}-\frac{h_1+h_2}{2}\right|\times\left|\frac{b_1+b_2}{2}-\frac{h_1+h_2}{2}\right|-\left\{\left(\frac{a_1+a_2}{2}-\frac{b_1+b_2}{2}\right)^2+\right.\\
&\left.\frac{1}{3}\left[\left(\frac{a_2-a_1}{2}\right)^2+\left(\frac{b_2-b_1}{2}\right)^2\right]-\frac{1}{6}(e_2-e_1)^2\right\}
\end{aligned}
\tag{2-6}
$$

经化简可得

$$\begin{aligned}&[D(A,H)+D(H,B)]^2-D^2(A,B)\\ \geqslant&\left[\left(\frac{a_1+a_2}{2}-\frac{h_1+h_2}{2}\right)^2+\left(\frac{b_1+b_2}{2}-\frac{h_1+h_2}{2}\right)^2-\left(\frac{a_1+a_2}{2}-\frac{b_1+b_2}{2}\right)^2\right]+\\ &\frac{1}{3}\left[\left(\frac{a_2-a_1}{2}\right)^2+\left(\frac{b_2-b_1}{2}\right)^2\right]+2\left|\frac{a_1+a_2}{2}-\frac{h_1+h_2}{2}\right|\cdot\\ &\left|\frac{b_1+b_2}{2}-\frac{h_1+h_2}{2}\right|+\left\{\frac{1}{6}[(h_2-h_1)^2-(s_2-s_1)^2-(g_2-g_1)^2]\right\}+\\ &\frac{1}{6}(e_2-e_1)^2\end{aligned} \tag{2-7}$$

因为$\frac{1}{3}\left[\left(\frac{a_2-a_1}{2}\right)^2+\left(\frac{b_2-b_1}{2}\right)^2\right]\geqslant 0$，$\frac{1}{6}(e_2-e_1)^2\geqslant 0$，又因为 $h_2-h_1>(s_2-s_1)+(g_2-g_1)$，所以

$$\frac{1}{6}[(h_2-h_1)^2-(s_2-s_1)^2-(g_2-g_1)^2]\geqslant 0$$

则有

$$\begin{aligned}&[D(A,H)+D(H,B)]^2-D^2(A,B)\\ \geqslant&\left[\left(\frac{a_1+a_2}{2}-\frac{h_1+h_2}{2}\right)^2+\left(\frac{b_1+b_2}{2}-\frac{h_1+h_2}{2}\right)^2-\left(\frac{a_1+a_2}{2}-\frac{b_1+b_2}{2}\right)^2\right]+\\ &2\left|\frac{a_1+a_2}{2}-\frac{h_1+h_2}{2}\right|\cdot\left|\frac{b_1+b_2}{2}-\frac{h_1+h_2}{2}\right|\end{aligned} \tag{2-8}$$

将上式化简后得

$$\begin{aligned}&[D(A,H)+D(H,B)]^2-D^2(A,B)\\ \geqslant&2\left[\left(\frac{a_1+a_2}{2}-\frac{h_1+h_2}{2}\right)\cdot\left(\frac{b_1+b_2}{2}-\frac{h_1+h_2}{2}\right)+\right.\\ &\left.\left|\frac{a_1+a_2}{2}-\frac{h_1+h_2}{2}\right|\cdot\left|\frac{b_1+b_2}{2}-\frac{h_1+h_2}{2}\right|\right]\end{aligned} \tag{2-9}$$

为便于分析，记

$$\begin{aligned}M=&\left(\frac{a_1+a_2}{2}-\frac{h_1+h_2}{2}\right)\cdot\left(\frac{b_1+b_2}{2}-\frac{h_1+h_2}{2}\right)+\\ &\left|\frac{a_1+a_2}{2}-\frac{h_1+h_2}{2}\right|\cdot\left|\frac{b_1+b_2}{2}-\frac{h_1+h_2}{2}\right|\end{aligned}$$

不妨设 $\frac{a_1+a_2}{2}\leqslant\frac{b_1+b_2}{2}$，则：

若$\frac{h_1+h_2}{2}\leqslant\frac{a_1+a_2}{2}$，可得$\frac{a_1+a_2}{2}-\frac{h_1+h_2}{2}\geqslant 0$，且$\frac{b_1+b_2}{2}-\frac{h_1+h_2}{2}\geqslant 0$，

所以有 $M \geqslant 0$；

若 $\frac{b_1+b_2}{2} \leqslant \frac{h_1+h_2}{2}$，可得 $\frac{a_1+a_2}{2}-\frac{h_1+h_2}{2} \leqslant 0$，且 $\frac{b_1+b_2}{2}-\frac{h_1+h_2}{2} \leqslant 0$，所以有 $M \geqslant 0$；

若 $\frac{a_1+a_2}{2} \leqslant \frac{h_1+h_2}{2} \leqslant \frac{b_1+b_2}{2}$，可得 $\frac{a_1+a_2}{2}-\frac{h_1+h_2}{2} \leqslant 0$，且 $\frac{b_1+b_2}{2}-\frac{h_1+h_2}{2} \geqslant 0$，所以有 $M=0$。

综上情况，可得 $M \geqslant 0$，则有

$$[D(A,H)+D(H,B)]^2-D^2(A,B) \geqslant 2M \geqslant 0$$

所以 $D(A,B) \leqslant D(A,H)+D(H,B)$。

因此，条件(4)得证。

以上分析过程证明，式(2-1)满足度量空间的距离定义条件，可作为区间距离的度量公式。

此外，由式(2-1)不难看出，当 $a_1=a_2=a$ 且 $b_1=b_2=b$ 时，$D(A,B)=|a-b|$，此时为两点之间的距离。当 A 或 B 有一个为点值时，$D(A,B)$ 为点与区间的距离。

所有客户集为 $\mathrm{CU}=\{\mathrm{CU}_1,\mathrm{CU}_2,\cdots,\mathrm{CU}_t\}$，其对应的客户需求物元为 $S=\{S_1,S_2,\cdots,S_t\}$，需求物元的特征集为同类特征 $R_{\mathrm{C}}=\{r_1,r_2,\cdots,r_n\}$，则客户需求物元的相似度计算步骤具体如下。

步骤1 计算需求特征距离。对任意两需求物元 S_i、S_j，由式(2-1)可得其相同特征 r_k 的特征距离 d_{ij}^k。

步骤2 规范化特征距离。考虑到不同需求特征量值的量纲和可比性问题，假设所有需求物元关于特征 r_k 的最大特征距离值为 $d_{\max}^k$，最小特征距离值为 $d_{\min}^k$，则按照计算公式 $\tilde{d}_{ij}^k=\frac{d_{ij}^k-d_{\min}^k}{d_{\max}^k-d_{\min}^k}$，对 d_{ij}^k 进行规范化处理，得到规范化的特征距离 $\tilde{d}_{ij}^k$。

步骤3 计算需求物元距离。取需求特征 r_k 的权重系数为 μ_k，且 $\sum_{k=1}^{n}\mu_k=1$，则两需求物元 S_i、S_j 的物元距离 D_{ij} 可按如下方法计算：$D_{ij}=\sum_{k=1}^{n}\mu_k\tilde{d}_{ij}^k$。

步骤4 计算需求物元相似度。任意两需求物元 S_i、S_j 的物元相似度 SI_{ij} 的计算方法为：$\mathrm{SI}_{ij}=1-D_{ij}$。

2.1.3　基于物元蚁群聚类算法的客户需求群划分

为了对客户需求群进行细分，采用具有较强灵活性、鲁棒性和自组织性的蚁群聚类算法，以客户需求物元为聚类对象，通过对相似客户需求信息的挖掘，形成客户需求群的最优划分方案。

双桥法

蚁群算法（ant colony algorithm）是意大利学者 Dorigo 等于 20 世纪 90 年代初期受到自然界中真实蚂蚁觅食行为启发而提出的一种新型仿生优化算法。蚂蚁在觅食过程中，会在所经路径上释放出一种具有挥发性的物质——信息素，以此反映和传递搜索到的路径信息，不同蚂蚁个体通过感知信息素的存在及其强度来指导自己的移动方向。

仿生学家研究表明，蚂蚁更倾向于选择信息素密度较大的路径移动。相对路径越短，则一定时间内经过的蚂蚁数量越多，在该路径释放的信息素密度越大，被后续蚂蚁选择的概率就越高，由此形成一种正反馈机制：较短路径上的信息素浓度越来越大，其他路径上信息素浓度则相对较少，最终整个蚁群在这种自组织作用下搜索出巢穴与食物源间的最短路径。Dorigo 的“双桥实验”形象地说明了蚁群发现最短路径的原理和机制。

蚁群算法借鉴了自然界中真实蚁群的觅食行为特点，通过将所研究的问题抽象为节点模型，将人工蚂蚁在节点间的逐步选取过程表征为解的构建过程，不断向部分解添加符合定义的解成分，从而构建出一个完整的可行解，最终在信息素的正反馈作用下逐步收敛到所求问题的最优解。

实际应用中，蚁群算法中的人工蚂蚁被赋予了如下一些性质。

(1) 人工蚂蚁是借鉴真实蚂蚁觅食机理而抽象的简单智能体，能够由起始状态（空序列）独立完成可行解的构建过程，彼此之间也可通过介质相互影响。

(2) 人工蚂蚁都存在信息存储器以记录当前（历史）解的路径信息及性能状态，用以参与转移概率计算、可行解构建、解决方案质量评估等过程。

(3) 为人工蚂蚁引入与拟求解问题空间特征相关的启发式信息，以引导其初始阶段的搜索过程，增加算法的时间有效性。

(4) 人工蚂蚁完成一个完整可行解的构建后，根据构建的解决方案更新相关联的信息素指导后续蚂蚁搜索。

具备上述特性的人工蚂蚁作为蚁群算法的基本单元协同实现具有自组织特性的寻优过程，同时也体现了蚁群算法的以下特征。

(1) 分布式计算。蚁群算法将全局寻优的问题分配给每只蚂蚁去独立解决处理，然后将所有结果进行综合处理分析，即每个个体独立求解问题，因为蚁群存在大量个体也就意味着有很强的随机性，通过所有个体求得的解来进行对比分析，最终蚁群总会找到一个最优解，并不会因为某个个体死亡或者求得的解太差而影响最终结果。

（2）自组织性。蚁群中的每个个体蚂蚁都随机地搜索路径，并没有来自外部的干扰，通过蚁群走过路径上的信息素来感知路径搜索是否最优，经过一段时间后，蚁群自发地倾向于选择路径上信息素最大的路径，即最短路径。

（3）正反馈。蚁群算法的搜索是围绕着信息素进行的，由于路线距离越短，信息素越多，进而吸引越多的蚂蚁来选择这条路线，蚂蚁越多来这条路线行走，信息素又累积增加，这个过程使得算法处于正反馈状态，最终蚁群会找到最短路线。

基于以上蚁群算法的原理和特征，设计基于物元蚁群聚类算法的客户需求群划分流程如下。

（1）客户需求群相似度。指某一待聚类客户的需求物元 S_i 与其所在的一定局部范围内所有其他客户需求物元的平均相似度。客户需求群相似度的计算公式如下：

$$\mathrm{SO}_i = \max\left\{0, \frac{1}{n_r}\sum_{S_j \in \mathrm{Neigh}_{l\times l}(r)}\left[\frac{\mathrm{SI}_{ij}}{\alpha(1+(v-1)/v_{\max})}\right]\right\} \tag{2-10}$$

式中，$\mathrm{Neigh}_{l\times l}(r)$表示位置 r 周围的边长为 l 的正方形邻域；SI_{ij} 为需求物元 S_i 与 S_j 的物元相似度；n_r 为位置 r 周围邻域内包含的需求物元个数；α 为群体相似性参数；v 为蚂蚁的移动速度；$v_{\max}$ 为蚂蚁最大移动速度。

（2）概率转换函数。指将客户需求群相似度转化为个体移动待聚类需求物元 S_i“拾起”或“放下”物体的概率函数。“拾起”概率 P_{pick} 与“放下”概率 P_{drop} 分别为

$$P^i_{\mathrm{pick}} = 1 - \mathrm{Sigmoid}(\mathrm{SO}_i) \tag{2-11}$$

$$P^i_{\mathrm{drop}} = \mathrm{Sigmoid}(\mathrm{SO}_i) \tag{2-12}$$

式中

$$\mathrm{Sigmoid}(x) = \frac{1-\mathrm{e}^{-\lambda x}}{1+\mathrm{e}^{-\lambda x}}$$

其中 λ 为调节参数。λ 取值越大，曲线饱和越快，算法收敛速度也越快。

（3）平均聚类适度。用于反映所有客户需求物元的聚类程度。其计算公式如下：

$$\zeta = \frac{1}{t}\sum_{i=1}^{t}\mathrm{SO}_i \tag{2-13}$$

随着聚类过程的进行，平均聚类适度也将不断变化，当其值趋于最大值时，聚类程度为最佳。

客户需求物元的蚁群聚类算法具体如下。

步骤 1　初始化各参数，包括 α、λ、最大循环次数 $T_{\max}$、蚁群规模 $\mathrm{Num}_{\mathrm{ant}}$、半径 l 等。

步骤 2　将所有客户需求物元作为数据对象随机分布在设定的二维网格上。同时，将蚂蚁初始化为空载状态，且随机放置于网格空间中。

步骤 3　蚁群在二维空间中移动，并按以下搬运规则进行拾放操作：

如果蚂蚁空载，且在当前位置发现需求物元 S_i，则按式(2-11)计算“拾起”概率 P^i_{pick}。判断 P^i_{pick} 是否大于随机数 $\rho(\rho\in[0,1])$，若是，拾起物元 S_i；否则，转步骤 4。

如果蚂蚁负载 S_i，且在当前位置为空，则按式(2-12)计算“放下”概率 P^i_{drop}。判断 P^i_{drop} 是否大于随机数 $\rho(\rho\in[0,1])$，若是，放下物元 S_i；否则，转步骤 4。

步骤 4　随机选择网格空间中未被其他蚂蚁占据的网格作为下一站。

步骤 5　判断是否每只蚂蚁已完成操作，若是，转步骤 6；否则，转步骤 3。

步骤 6　令计数器 $T=T+1$，检查是否达到终止条件(平均聚类适度 ζ 收敛于最优值或达到 $T>T_{\max}$)，若是，转步骤 7；否则，转步骤 3。

步骤 7　输出聚类结果，算法结束。

2.2　客户需求与产品质量特性的证据推理评价

证据理论(也称为 Dempster/shafer 证据理论或 D-S 证据理论)是一种可对不确定信息进行表达和合成的推理理论。证据推理决策不仅在区分不确定及无知信息等方面具有很大灵活性，在处理主观判断问题及不确定知识的合成方面也具有突出优势，因此，已经逐渐成为专家决策分析领域的重要不确定推理方法。

Dempster 组合规划

证据推理利用信度函数表示证据，由于信度函数满足半可加性，因此与概率函数相比，信度函数更能表达信息的“不确定性”和“不知性”。同时，证据理论可综合不同信度函数的

Dempster 组合规则，便于实现对多个属性的综合。因此，将证据理论引入客户需求与产品质量特性的评价中，以实现客户需求到质量特性的映射。

2.2.1 证据推理的基本概念

假设有 K 个信息源 $C_1, C_2, \cdots, C_K$ 组成评价团队，K 个信息源的权重分别为 $\lambda_1, \lambda_2, \cdots, \lambda_K$，且满足 $\sum_{k=1}^{K} \lambda_k = 1, \lambda_k \geqslant 0 (k=1,2,\cdots,K)$。令识别框架为 $G=\{G_1, G_2, \cdots, G_d, \cdots, G_N\}$，待评对象 O 包含的属性集合为 $E=\{e_1, e_2, \cdots, e_L\}$，属性权重为 $w_1, w_2, \cdots, w_L$。

成员信念度 $\beta_{j,d}^k$ 用于表示信息源成员 C_k 提供的信息对属性 e_j 做出评价值 $G_d \in G$ 以置信度 $\beta_{j,d}^k$ 为真，并且满足 $\sum_{d=1}^{N} \beta_{j,d}^k \leqslant 1, \beta_{j,d}^k \geqslant 0$。

团队信念度 $\beta_{j,d}$ 用于表示信息源团队提供的信息对属性 e_j 做出评价值 $G_d \in G$ 的置信度，计算公式为

$$\beta_{j,d} = \sum_{k=1}^{K} \lambda_k \beta_{j,d}^k \tag{2-14}$$

基本可信度 $m_{j,d}$ 表示信息源团队支持属性 e_j 被评为 G_d 的程度，计算公式为

$$m_{j,d} = w_j \beta_{j,d}, d = 1,2,\cdots,N \tag{2-15}$$

未分配可信度 $m_{j,G}$ 表示信息源团队支持属性 e_j 被评价后剩下的概率，计算公式为

$$m_{j,G} = 1 - \sum_{d=1}^{N} m_{j,d} = 1 - w_j \sum_{d=1}^{N} \beta_{j,d} \tag{2-16}$$

将 $m_{j,G}$ 分解为两部分，即

$$m_{j,G} = \bar{m}_{j,G} + \tilde{m}_{j,G} \tag{2-17}$$

式中，$\bar{m}_{j,G} = 1 - w_j$ 表示由于权重而未分派的概率函数；$\tilde{m}_{j,G} = w_j \left(1 - \sum_{d=1}^{N} \beta_{j,d}\right)$ 表示由于无知而未分派的概率函数。

2.2.2 证据推理的评价信息转化规则

在证据推理过程中首先需要获取对目标对象的属性评价信息。分布评价形式能有效表达主观判断过程中的不确定和不完全信息，可用于描述属性的评价信息，其表达形式为

$$\Xi_{C_k}(e_i) = \{(G_{i,n}, \partial_{i,n}), n = 1,2,\cdots,N_i\}$$

其中，$\partial_{i,n}$ 为信息源（决策者）C_k 将属性 e_i 评价为评价等级 $G_{i,n}$ 的置信度，满足 $\partial_{i,n} \geqslant 0$，$\sum_{i=1}^{N_i} \partial_{i,n} \leqslant 1$。

由于待评价问题的性质不同，评价属性可分为定性属性和定量属性两类。定性属性通常采用评价等级来度量，例如，在评价某项客户需求 CR_i 时，可用评价等级 $G^j=\{G_{j,1},G_{j,2},G_{j,3},G_{j,4},G_{j,5}\}=$｛极高，高，一般，低，极低｝进行度量。依据该评价等级，决策者 C_k 可做出评价：该项需求判断为“极高”的置信度是0.4，而判断为“一般”的置信度是0.5。定性属性评价信息可用分布评价形式表示为 $\Xi_{C_k}(e_i)=$｛（极高，0.4），（一般，0.5）｝。

定量属性通常用基数尺度来描述，其属性评价信息是以具体数值来表示的。例如，对于某产品的价格，决策者可能认为定价为5000～6000元为极高，4500～4800元为高。如果以评价等级 $G^j=\{G_{j,1},G_{j,2},G_{j,3},G_{j,4},G_{j,5}\}=$｛极高，高，一般，低，极低｝表示，则[5000，6000]等价于 $G_{j,1}$，[4500，4800]等价于 $G_{j,2}$。同样地，定性属性评价信息也可用分布评价形式表示。

不同的属性评价其评价等级可能不同，为了使信息源 C_k 可参照综合评价等级即 $G=\{G_1,G_2,\cdots,G_d,\cdots,G_N\}$ 对问题进行统一评价，有必要对评价信息进行转化。对于以基本评价等级 $G^i=\{G_{i,n},n=1,2,\cdots,N_i\}$ 来评价的定性属性 e_i，可按照转化规则参照 G^i 将其转换为相对于 G 的属性评价值 $\Xi_{C_k}(e_i)$；对于以数值表示的定量属性，可按照转化规则将其转换为与 G 等价的分布评价形式。具体转化规则如下。

1. 定性属性转化规则

若 G^i 与 G 一致，有 $G_{i,n}$ 等价于 G_n，则信息源 C_k 将属性 e_i 评价为评价等级集 G^i 的分布评价为 $\Xi_{C_k}(e_i)=\{(G_{i,n},\tau_{i,n}),n=1,2,\cdots,N_i\}$；

若 G^i 与 G 不一致，则可认为 $G_{i,n}$ 以程度 $\alpha_{l,n}$ 被评价为 $G_l(l=1,2,\cdots,N)$，因此 $G_{i,n}$ 等价于 $\Xi_{C_k}(e_i)=\{(G_l,\alpha_{l,n}),l=1,2,\cdots,N\}$，其中，$\alpha_{l,n} \geqslant 0$，$\sum_{l=1}^{N} \alpha_{l,n}=1$。

2. 定量属性转化规则

首先根据决策者的知识和经验，对定量属性 e_i 设定其各个评价等级所对应的属性值 $h_{i,n}$，则：

当 $h_{i,n} \leqslant h_j \leqslant h_{i,n+1}$ 时，$\theta_{j,n}=\dfrac{h_{i,n+1}-h_j}{h_{i,n+1}-h_{i,n}}$，$\theta_{j,n+1}=1-\theta_{j,n}$，$\theta_{j,k}=0$，$k=$

$1,2,\cdots,N$，并且 $k\neq n,n+1$，由此可得 $\Xi_{C_k}(e_i)=\{(G_n,\phi_{j,n}),j=1,2,\cdots,N\}$，其中，$\phi_{j,n}=\theta_{j,n}$；

当 $h_j\geqslant h_{i,N}$ 时，有 $\theta_{j,n}=1,\Xi_{C_k}(e_i)=\{(G_N,1),n=1,2,\cdots,N\}$；

当 $h_j\leqslant h_{j,n}=1$ 时，有 $\Xi_{C_k}(e_i)=\{(G_1,1),n=1,2,\cdots,N\}$。

根据以上转化规则，信息源(决策者)C_k 对属性 e_i 的评价可统一表示为

$$\Xi_{C_k}(e_i)=\{(G_n,\beta_{i,n}^k),n=1,2,\cdots,N\} \tag{2-18}$$

2.2.3 基于证据推理递归算法的客户需求与产品质量特性评价

为便于表述，定义 $E_{J(j)}$ 为包含前 j 个属性的集合 $E_{J(j)}=\{e_1,e_2,\cdots,e_j\}$，且满足 $E_{J(j)}\subseteq E$。用 $m_{J(j),d}$ 表示前 j 个属性支持待评目标对象 O 被认定为 G_d 的程度，$m_{J(j),G}$ 表示前 j 个属性经组合评价后没有被分配的信念度，则依据证据推理理论，$m_{J(j),d}$ 和 $m_{J(j),G}$ 可通过对前 j 个属性融合得到，对多个属性的融合过程可按如下公式递归进行：

$$\{G_d\}:m_{J(j+1),d}=K_{J(j+1)}[m_{J(j),d}m_{j+1,d}+m_{J(j),d}m_{j+1,G}+m_{J(j),G}m_{j+1,d}] \tag{2-19}$$

式中，$d=1,2,\cdots,N$；

$$m_{J(j),G}=\bar{m}_{J(j),G}+\tilde{m}_{J(j),G} \tag{2-20}$$

$$\{G\}:\tilde{m}_{J(j+1),G}=K_{J(j+1)}[\tilde{m}_{J(j),G}\tilde{m}_{j+1,G}+\bar{m}_{J(j),G}\tilde{m}_{j+1,G}+\tilde{m}_{J(j),G}\bar{m}_{j+1,G}] \tag{2-21}$$

$$\{G\}:\bar{m}_{J(j+1),G}=K_{J(j+1)}[\bar{m}_{J(j),G}\bar{m}_{j+1,G}] \tag{2-22}$$

$$K_{J(j+1)}=\left[1-\sum_{a=1}^{N}\sum_{b=1,b\neq a}^{N}m_{J(j),a}m_{j+1,b}\right]^{-1} \tag{2-23}$$

式中，$K_{J(j+1)}$ 称为规模化因子，$j=1,2,\cdots,L-1$。

当所有 L 个属性递归融合完毕后，用以下公式获得最终对目标 O 的融合结果：

$$\{G_d\}:\beta_d=\frac{m_{J(L),d}}{1-\bar{m}_{J(L),G}} \tag{2-24}$$

$$\{G\}:\beta_G=\frac{\tilde{m}_{J(L),G}}{1-\bar{m}_{J(L),G}} \tag{2-25}$$

$$Z(O)=\sum_{d=1}^{N}\frac{\beta_d}{1-\beta_G}\cdot G_d \tag{2-26}$$

式中，β_d 为属性 $E_{J(j)}$ 被评定为 G_d 的置信度；β_G 为不知被评定为哪个等级的置信度；$Z(O)$为决策团队对目标对象 O 的评价期望效用。

2.3　产品质量特性的优化提取

定制产品设计是建立在客户需求群划分的基础上，并通过对客户需求群的把握和认识，定制出符合各个细分客户需求群要求的、具备不同质量特性的细分产品，以此满足市场客户的需求差异和实现产品的范围经济。由于客户需求是从客户角度提出的产品使用要求，无法直接应用于产品设计开发，因此，有必要将客户需求转换映射为可指导产品设计开发的产品质量特性，从而将细分客户需求群的客户需求贯穿于产品设计开发的全过程。

质量功能展开(QFD)强调客户需求在产品设计过程中的基础性作用，是一种需求驱动的质量保证方法，已逐渐发展成为面向质量的产品设计中质量目标制定的主要方法和工具。本节主要针对质量功能展开中客户需求与质量特性之间映射关系的不确定、不完整、不协调等特点，通过证据推理获得建立质量功能配置模型所需的关联关系信息，从而合理、有效地从客户需求中自动提取产品质量特性。

2.3.1　基于 D-S 的客户需求重要度确定

在质量屋的构建过程中，确定客户需求重要度是 QFD 过程中的一个关键步骤，同时为了使产品具有更大的竞争优势，所设计规划的产品必须体现其所面向的特定客户需求群的需求。为此，本节以获得的细分客户需求群为基础，确定质量屋中的客户需求重要度。

假设从企业产品的某一客户群中选择 C 个客户(CUS_1，CUS_2，…，CUS_C)，每个客户对企业的重要性为 η_k 且满足 $\sum_{k=1}^{C}\eta_k=1$，则由上述客户对该质量屋中的客户需求 $\mathrm{CR}=\{\mathrm{CR}_1,\mathrm{CR}_2,\cdots,\mathrm{CR}_m\}$进行协助评价以推理确定其重要度。应用 D-S 理论确定客户需求重要度 $w=\{w_1,w_2,\cdots,w_m\}$的步骤如下。

步骤 1　设定辨识框架。将客户需求 $\mathrm{CR}_1,\mathrm{CR}_2,\cdots,\mathrm{CR}_m$ 看作该推理过程的证据，将设定的评价等级 $G=\{G_1,G_2,G_3,G_4,G_5\}=\{$极重要，重要，一般重要，稍微重要，不重要$\}$看作辨识框架，并以数值标度简记为 $G=\{G_1,G_2,G_3,G_4,G_5\}=\{8,6,4,2,0\}$。

步骤 2　建立证据信念结构。按照 2.2.2 节的评价信息转化规则，获得客户需求群对各项客户需求的评价信息集 $\Xi_{C_k}(\mathrm{CR}_i)$，$k=1,2,\cdots,C,i=1,2,\cdots,m$，并由此建立客户需求重要度评价的证据信念结构：$S_{k,i}(\mathrm{CR}_i)\mapsto\Xi_{C_k}(\mathrm{CR}_i)$，即 $S_{k,i}(\mathrm{CR}_i)\mapsto\{(G_d,\zeta_{i,d}^k),d=1,2,3,4,5\}$，其中 $\zeta_{i,d}^k$ 表示客户 CUS_k 将客户需求项 CR_i 评价为 G_d 的信念度。

步骤 3　计算团队信念度。根据客户需求的证据信念结构，得到客户需求群对客户需求项 CR_i 的团队信念度 $\zeta_{i,d}=\sum\limits_{k=1}^{C}\eta_k\zeta_{i,d}^k$。

步骤 4　构造概率分配函数。对于第 j 个证据 CR_j，可根据式(2-15)和式(2-16)得到其基本概率分配函数 $m_{j,d}$、$m_{j,G}$，按此计算方法构造得到所有客户需求项的基本概率分配函数。

步骤 5　证据的融合。按照 2.2.3 节的证据推理递归算法，将 m 个独立证据的概率分配函数进行融合，得到综合后的信念度 $\zeta'_{i,d}$ 和 $\zeta'_{i,G}$。

步骤 6　计算客户需求重要度。按式(2-26)计算客户群对 CR_i 的评价期望效用值 $Z(\mathrm{CR}_i)$，经规范化处理后得到客户需求重要度

$$w_i=\frac{Z(\mathrm{CR}_i)}{\sum\limits_{l=1}^{m}Z(\mathrm{CR}_l)} \tag{2-27}$$

2.3.2　基于 D-S 的质量特性初始重要度计算

产品质量特性的初始重要度是由客户需求所决定的质量特性重要度，可根据客户需求重要度以及客户需求与质量特性之间的关联关系推导得出。由于关联关系具有不确定、不分明和不完备等特性，本节将质量特性的初始重要度计算问题视为一个多属性群决策问题，在充分利用 QFD 团队中的专家经验和知识基础上，通过 QFD 专家自由、独立地对关联程度做出评价并以证据推理方式融合整个群体的决策结果，从而获得质量特性的初始重要度。

从本质上讲，QFD 中任一各项客户需求与各质量特性的关联关系可认为是该项质量特性实现各项客户需求的程度，因此，可将该项质量特性与各项客户需求关联程度的总和定义为该项质量特性的初始重要度。假定某产品中包含 n 项质量特性 $\mathrm{EC}=\{\mathrm{EC}_1,\mathrm{EC}_2,\cdots,\mathrm{EC}_n\}$。QFD 团队中有 L 位专家参与质量屋的构建，各专家的权威性分别为 $\vartheta_1,\vartheta_2,\cdots,\vartheta_L$，则质量特性的初始重要度计算步骤如下。

步骤 1　设定辨识框架。设定客户需求与质量特性关联关系的评价等级 $G=\{G_1,G_2,G_3,G_4,G_5\}=\{$强相关，相关，一般相关，弱相关，不相关$\}$，将其

看作辨识框架，并以数值标度简记为 $G=\{G_1,G_2,G_3,G_4,G_5\}=\{8,6,4,2,0\}$。

步骤 2　建立关联度成员证据信念结构。按照 2.2.2 节的评价信息转化规则，获得第 l 位 QFD 专家对客户需求 CR_i 与质量特性 EC_j 之间的关联度 R_{ij} 的评价信息集 $\Xi_{C_l}(R_{ij}^l)$，并由此建立关联度评价的证据信念结构：$S_{l,ij}(R_{ij}^l)\mapsto\{(G_d,\psi_{ij,d}^l),d=1,2,3,4,5\}$，其中 $\psi_{ij,d}^l$ 表示第 l 位专家将 CR_i 与 EC_j 之间的关联度 R_{ij} 评价为 G_d 的信念度。

步骤 3　建立关联度团队证据信念结构。将整个 QFD 团队对客户需求 CR_i 与质量特性 EC_j 之间的关联程度 R_{ij} 的评价证据信念结构记为：$S_{ij}(R_{ij})\mapsto\{(G_d,\psi_{ij,d}),d=1,2,3,4,5\}$，其中 $\psi_{ij,d}=\sum_{l=1}^{L}\vartheta_l\psi_{ij,d}^l$。

步骤 4　构造概率分配函数。将各项客户需求与质量特性 EC_k 的关联关系 $R_k=\{R_{1k},R_{2k},\cdots,R_{mk}\}$ 作为属性集合，则 QFD 团队对 R_{ik} 的评价等级为 G_d 的基本信念度 $n_{(i,k),d}$ 和未分配信念度 $n_{(i,k),G}$ 可按照式(2-15)和式(2-16)计算，可得

$$\begin{cases}n_{(i,k),d}=w_i\psi_{ik,d},d\in\{1,2,\cdots,5\}\\ n_{(i,k),G}=1-\sum_{d=0}^{5}w_i\psi_{ik,d}\end{cases}\tag{2-28}$$

步骤 5　属性的融合。以 $J(i,k)=\{R_{1k},R_{2k},\cdots,R_{ik}\}$(其中 $1\leqslant i\leqslant m$)表示集合 R_k 中的前 i 项关联关系；$n_{J(i,k),d}$ 表示融合前 i 个关联关系后支持质量特性 EC_k 被评价为 G_d 的信念度；$n_{J(i,k),G}$ 表示前 i 个关联关系组合评价后没有分配的信念度；$\bar{n}_{(i,k),d}$ 表示由于权重而未分派的概率函数；$\tilde{n}_{(i,k),d}$ 表示由于无知而未分派的概率函数。根据推理递归算法，属性融合过程如下。

当 $i=1$ 时，有如下四个等式关系：

$$\begin{cases}n_{J(1,k),d}=n_{(1,k),d}\\ \bar{n}_{J(1,k),d}=\bar{n}_{(1,k),d}\\ \tilde{n}_{J(1,k),d}=\tilde{n}_{(1,k),d}\\ n_{J(1,k),G}=\bar{n}_{J(1,k),G}+\tilde{n}_{J(1,k),G}\end{cases}$$

由式(2-23)可计算出前两项关联关系 R_{1k} 和 R_{2k} 的规模化因子：

$$K_{J(2,k)}=\left[1-\sum_{a=0}^{5}\sum_{b\neq a,b=0}^{5}n_{J(1,k),a}n_{(2,k),b}\right]^{-1}$$

由式(2-19)～式(2-22)可得出如下结果：

$$n_{J(2,k),d}=K_{J(2,k)}[n_{J(1,k),d}n_{(2,k),d}+n_{J(1,k),d}n_{(2,k),G}+n_{J(1,k),G}n_{(2,k),d}]\tag{2-29}$$

$$\tilde{n}_{J(2,k),G}=K_{J(2,k)}[\tilde{n}_{J(1,k),G}\tilde{n}_{(2,k),G}+\bar{n}_{J(1,k),G}\tilde{n}_{(2,k),G}+\tilde{n}_{J(1,k),G}\bar{n}_{(2,k),G}] \tag{2-30}$$

$$\bar{n}_{J(2,k),G}=K_{J(2,k)}[\bar{n}_{J(1,k),G}\bar{n}_{(2,k),G}] \tag{2-31}$$

以式(2-29)～式(2-31)作为前两项属性融合的结果，为下一步继续求出三项属性融合提供基础。以此类推，经过 $m-1$ 次的融合，可得到 m 项证据推理的信念度：

$$\{G_d\}: \psi_{k,d}=\frac{n_{J(m,k),d}}{1-\bar{n}_{J(m,k),G}}$$

$$\{G\}: \psi_{k,G}=\frac{\tilde{n}_{J(m,k),G}}{1-\bar{n}_{J(m,k),G}}$$

步骤 6　计算质量特性初始重要度。由式(2-26)计算 QFD 团队对 EC_k 的评价值 $Z(EC_k)=\sum_{d=1}^{5}\frac{\psi_{k,d}}{1-\psi_{k,G}}\cdot G_d$，经规范化处理后可得质量特性的初始重要度为 $\tilde{\omega}_k=\frac{Z(EC_k)}{\sum_{k=1}^{n}Z(EC_k)}$。

2.3.3　基于 D-S 的质量特性自相关关系推理

质量特性的自相关关系反映了各项质量特性之间的相互影响。与关联关系类似，自相关关系具有不确定、不分明和不完备等特征，并且需要依靠 QFD 团队专家的经验和知识来辅助决定。现有研究大多是以对称矩阵方式来处理质量特性的自相关关系，即在质量屋的屋顶建立唯一的质量特性自相关矩阵。由于某项质量特性与其他特性的关联关系还取决于其相应的客户需求，所以单个自相关矩阵往往不能准确反映各项质量特性之间的相互影响。本节所提方法针对质量屋中每一项客户需求，均构建一个相应的质量特性自相关矩阵，并利用证据推理来确定质量特性之间的自相关关系。

自相关关系的证据推理方法与关联关系证据推理的不同之处在于：关联关系中只包含正相关关系，而自相关关系中不但包含正相关关系，还包含负相关关系。质量特性自相关关系的确定步骤如下。

步骤 1　设定辨识框架。设定质量特性自相关关系的评价等级 $G=\{G_1,G_2,G_3,G_4,G_5\}$ = {强相关，相关，一般相关，弱相关，不相关}，将其看作辨识框架，并以数值标度简记为 $G=\{G_1,G_2,G_3,G_4,G_5\}=\{8,6,4,2,0\}$。

步骤 2　建立自相关成员证据信念结构。按照 2.2.2 节的评价信息转化规则，获得第 l 位 QFD 专家对在客户需求 CR_i 影响下，质量特性 EC_j 与质量特性 EC_k 之间的关联强度 $T_{jk}^{l,i}$ 的评价信息集 $\Xi_{C_l}(T_{jk}^{l,i})$，并由此建立自相关强度评价的证据信念结构：$S_{l,i,jk}(T_{jk}^{l,i}) \mapsto \{(G_d, \chi_{jk,d}^{l,i}), d=1,2,3,4,5\}$，其中 $\chi_{jk,d}^{l,i}$ 表示在客户需求 CR_i 影响下，第 l 位专家将 EC_j 与 EC_k 之间的自相关强度 $T_{jk}^{l,i}$ 评价为 G_d 的信念度。

步骤 3 建立自相关团队证据信念结构。将整个 QFD 团队对质量特性 EC_j 与质量特性 EC_k 之间的关联强度 T_{jk}^{i} 的评价证据信念结构记为：$S_{jk}(T_{jk}^{i}) \mapsto \{(G_d, \chi_{jk,d}^{i}), d=1,2,3,4,5\}$，其中 $\chi_{jk,d}^{i} = \sum_{l=1}^{L} \mu\vartheta_l \chi_{jk,d}^{l,i}$，$\mu$ 为自相关类型系数。

步骤 4 构建质量特性自相关矩阵。构建在客户需求 CR_i 影响下的自相关矩阵 $\boldsymbol{T}^i = [T_{jk}^{i}]_{n\times n}$，其中每个元素 T_{jk}^{i} 都是一个由团队决策的信念结构。相应地，对于客户需求 QFD 团队共构建 m 个质量特性自相关矩阵 $\boldsymbol{T}^1, \cdots, \boldsymbol{T}^i, \cdots, \boldsymbol{T}^m$，其中 $\boldsymbol{T}^i = [T_{jk}^{i}]_{n\times n}$。

步骤 5 归一化自相关矩阵。根据文献所提出的自相关矩阵归一化方法，得到一个统一的自相关矩阵。其计算公式为：$\boldsymbol{T}^U = \sum_{i=1}^{m} w_i \boldsymbol{T}^i$，且 $\boldsymbol{T}^U = [\boldsymbol{T}_{jk}^{U}]_{n\times n}$ 中的每个元素 T_{jk}^{U} 满足关系式 $T_{jk}^{U} = \sum_{i=1}^{m} w_i T_{jk}^{i}$。

步骤 6 自相关关系的融合。对于统一矩阵 $\boldsymbol{T}^U$ 中的每个元素 T_{jk}^{U} 而言，可以将集合 $\{T_{jk}^{1}, T_{jk}^{2}, \cdots, T_{jk}^{m}\}$ 作为其属性集合，然后利用证据推理算法获得 T_{jk}^{U} 的评价值。计算过程与 2.3.2 节的推理过程相同，此处不再赘述。$u_{J(m,jk),d}$ 表示融合前 m 个关联关系后支持 T_{jk}^{U} 被评价为 G_d 的信念度；$\bar{u}_{J(m,jk),G}$ 表示由于权重而未分派的概率函数；$\tilde{u}_{J(m,jk),G}$ 表示由于无知而未分派的概率函数。则对 T_{jk}^{U} 评价的信念度如下：

$$\{G_d\}: \chi_{jk,d} = \frac{u_{J(m,jk),d}}{1-\bar{u}_{J(m,jk),G}}$$

$$\{G\}: \chi_{jk,G} = \frac{\tilde{u}_{J(m,jk),G}}{1-\bar{u}_{J(m,jk),G}}$$

步骤 7 计算质量特性自相关度。由式(2-26)计算 QFD 团队对 T_{jk}^{U} 的评价期望效用值 $Z(T_{jk}^{U}) = \sum_{d=1}^{5} \frac{\chi_{jk,d}}{1-\chi_{jk,G}} \cdot G_d$，由此可得质量特性 EC_j 与质量特

性 EC_k 之间的关联强度为 $\mho_{jk}=Z(T_{jk}^U)$。

2.3.4 基于整数规划法的产品质量特性的优化与决策

质量特性重要度的确定必须综合反映客户需求重要度、客户需求与质量特性的关联程度以及质量特性自相关关系的影响。基于此，得到修正后的产品质量特性重要度如下：

$$W_j=\sum_{k=1}^{n}\tilde{\omega}_k \mho_{jk} \tag{2-32}$$

在提取产品质量特性时，除了需要考虑质量特性重要度外，还要综合考虑影响质量特性配置策略的其他因素，如时间、成本、技术成熟度、技术可行性、资源占用等。因此，在将这些影响因素分为定性约束与定量约束的基础上，采用加权 0—1 整数规划法进行优化决策，得到产品质量特性的最优集合，其优化模型如下：

$$\min \lambda_1 b_1^- + \sum_{i=2}^{k}\lambda_i\left(\frac{b_i^-}{B_i}+\frac{b_i^+}{B_i}\right)+\sum_{i=k+1}^{m}\lambda_i b_i^- \tag{2-33}$$

$$\text{s.t.} \sum_{j=1}^{n}W_j x_j + b_1^- - b_1^+ = 1 \tag{2-34}$$

$$\sum_{j=1}^{n}\kappa_{ij}x_j + b_1^- - b_1^+ = B_i,\quad i=1,2,\cdots,s \tag{2-35}$$

$$\sum_{j=1}^{n}\varepsilon_{ij}x_j + b_1^- - b_1^+ = 1,\quad i=s+1,s+2,\cdots,m \tag{2-36}$$

$$x_j\in\{0,1\},\quad j=1,2,\cdots,n \tag{2-37}$$

$$b_i^-\geqslant 0, b_i^+\geqslant 0,\quad i=1,2,\cdots,m \tag{2-38}$$

式中，λ_i 为约束目标权重；b_i^- 为与第 i 项目标的负偏差；b_i^+ 为与第 i 项目标的正偏差；B_i 为第 i 项定量约束的目标限制；x_j 为 0-1 变量；W_j 为第 j 个质量特性的重要度；κ_{ij} 为第 j 个产品质量特性使用第 i 项定量约束的数量；ε_{ij} 为第 j 个产品质量特性关于第 i 项定性约束目标的权重。

第3章

基于质量准则的产品模块智能规划技术

大批量定制实现了用户的个性化和大批量生产低成本的有机结合，已经成为信息时代制造业的重要生产方式，而模块化技术是实现大批量定制的主要方法之一。与此同时，人们比以往任何时候都重视产品质量，产品质量已成为客户和企业直接关注的焦点。众所周知，产品设计是产品质量的源头，决定了产品的先天质量和内在质量，并且传递、影响到产品制造、使用、维护、回收等后续阶段。因此，寻求能够满足产品质量要求的模块单元智能规划方法，构建有效的模块化定制产品，已经成为大批量定制中的热点研究问题。本章提出基于质量准则的产品模块智能规划技术，首先建立产品模块单元的多尺度规划准则，然后以质量需求变化而引起的产品部件之间的变动程度为模块度量因素，建立产品部件量化的关联矩阵，采用扩展的解析结构模型（interpretive structure modeling，ISM）对产品综合关联关系进行分解，形成产品初始模块的解析结构模型。再以关联矩阵为基础，给出衡量模块聚合度、耦合度以及质量需求趋同度的数值量化计算方法，并用上述指标构造了相应的优化数学模型。同时，应用成组遗传优化算法对初始模块进行优化，得到最优模块划分方案并且提供模块接口的设计策略。

3.1 定制产品的模块多尺度规划

在定制产品设计过程中，为解决产品多样性和成本之间的冲突，必须为设计过程提供一系列通用的产品模块，以达到资源共享、缩短产品成型时间和节省成本的目的。并且，模块化产品相互之间联系较弱，可以独立设计、制造、检测，可有效保证集成元件的个体质量，从而有利于提高整个产品的质量。因此，产品模块划分准则作为模块化技术的基础直接影响设计质量，是实现和满足产品质量需求的关键因素之一。定制产品模块单元的规划问题属于对部件归属问题的探讨，目前的定制产品模块单元规划方法主要分为两类：一类是功能分析法，即根据产品的子功能及其相互间的关系来划分模块；另一类是部件分析法，即根据产品的部件及其相互之间的依赖关系来划分模块。综合来看，根据绪论部分的研究现状总结可以看出，现有的定制产品模块单元形成方法只是考虑产品模块单元在定制产品模型的部件级尺度下进行的规划，没有综合考虑到模块划分结果对不同尺度上的产品模型和后续配置设计带来的影响，另外方法的通用性也较差，并且很少有涉及模块划分方案评价方面的研究，很难得到模块规划的最佳结果。因此，分析并制定一种通用有效的模块单元多尺度智能规划准则是非常有应用价值的。本节分析了模块单元在产品模型不同结构尺度上的功能和物理特性要求，提出了产品模块单元的多尺度规划准则。

3.1.1 定制产品的模块规划问题多尺度分析

从定制产品模型的结构上来看，定制产品包括产品层、部件层、零件层在内的多个尺度模块。产品是由不同尺度上的模块单元组合而成的，在定制产品模型设计的多个尺度上都可以进行模块单元的划分，当定制产品模型中模块划分尺度越小时，越易于实现模块单元与客户需求之间的映射，有利于客户参与产品定制设计，产品的定制性增强；但组成产品的模块单元数目过多，会造成模块之间接口相应增加，接口间标准化程度变高，装配复杂度增大，模块单元的互换性相对降低，从而导致模块单元之间的耦合性增强，产品稳定性变弱，影响产品需求到产品结构映射过程中的功能结构独立性分解。反之，模块划分尺度越大时，模块单元之间的解耦概率增大，易于功能结构独立性分解。但模块划分尺度变大后，模块内的层次将会增加，单个模块内包含的质量特性单元数目增加，难以满足客户定制需求的映射。而且当客户的定制需求发生变化时，可能造成整个功构模型的重新设计，导致产品设计周期延长，成本提高。图 3-1 示出了模块划分尺度对产品智能重组设计特性的影响。

在产品配置重组设计过程中，对不同尺度上模块单元的功能及物理特性的要求也是不相同的。例如，在零件层尺度上，要求模块具有耐磨性强，零件的刚性强度大、可靠性高等特点；在部件层尺度上，则要求模块具有客户需求响应性强、可拆卸性高、模块升级变异性强等特点；在产品层尺度上，则要求模块具有组成的整机能耗低、噪声小、产品稳定性高等特点。如图 3-2 所示为产品配置重组设计对不同尺度上模块单元的功能及物理特性要求。

可见，对定制产品模块单元在定制产品模型的多个尺度上进行合理的规

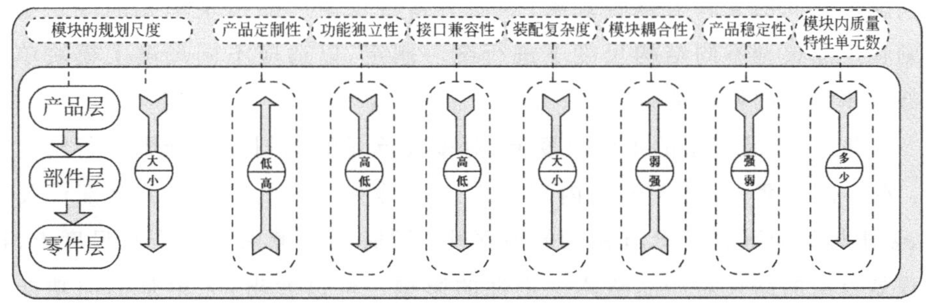

图 3-1 模块划分尺度对产品智能重组设计特性的影响

划重组，可对定制产品模型构建以及后续的产品配置重组设计进程起到决定性作用，因此，针对定制产品的智能重组设计，有必要对定制产品模块单元进行多尺度规划重组，在定制产品模型多个尺度作用下寻求模块规划重组的最佳方案。

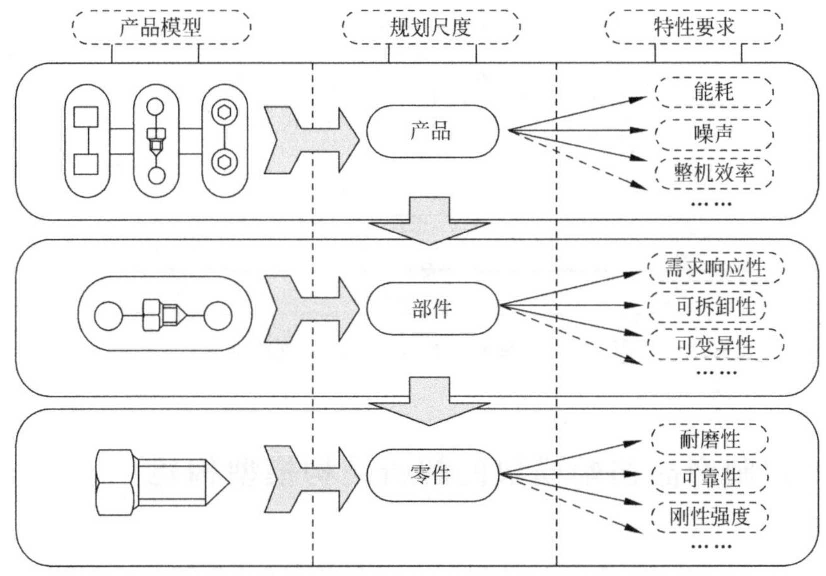

图 3-2 产品配置重组设计对不同尺度上模块单元的功能及物理特性要求

3.1.2 定制产品的模块多尺度规划准则

在定制产品模型及其模块单元的演化过程中，不同尺度上模块单元的物理特性呈现出变异性和不确定性，其多元、多维参数的物理性能衡量指标存在较大的结构尺度跨越，只考虑定制产品模型某个尺度上模块单元的某个物理机制进行规划重组准则的制定，不能够描述整个产品中不同尺度上模块内部及模块单元间的关联与耦合现象，因而必须将定制产品模块单元的规划重组准则在产品模型不同结构尺度下进行统一制定，以适应不同尺度上模块单元内部及单元间的依赖关系。

为此，在产品模型的不同尺度上，对模块单元的规划重组准则进行制定如下：在零件尺度上，要求模块内部部件之间具有一定的聚合性；在部件尺度上，要求模块单元之间具有相对的独立性；同时还要考虑到在产品尺度上，模块规划重组的结果对产品整体稳定性的影响。可以看出，无论是面向功能还是面向结构的模块规划重组方法，该准则都适用，即具有普遍的适应性。因此，模块规划重组的一般方向是使模块在零件尺度、部件尺度和产品尺度上分别具有内部聚合性、外部独立性和整体稳定性，如图 3-3 所示。

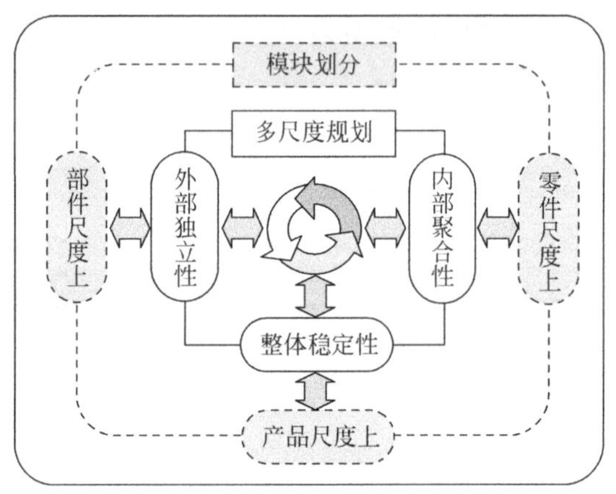

图 3-3 模块单元的多尺度规划重组准则

3.2 定制产品初始模块的解析结构模型构建

在定制产品的模块化设计过程中，3.1 节提出了大批量定制产品模块单元的多尺度规划准则，但是在模块智能规划的过程中，由外部驱动的客户需求和产品本身具有的相关特性也是需要重点考虑的。在产品具体设计过程中，客户需求必须映射为产品的质量特性，继而作为设计意图指导产品设计。就此而言，客户需求实质上是客户对产品质量特性的需求。另外，产品自身特性主要指产品功能结构之间的相关关系。因此，我们综合考虑质量需求和功构关系进行定制产品的模块综合度量，构建定制产品量化解析结构模型（numerical-ISM，NISM）的关联矩阵，得到定制产品的初始模块，为最终实现定制产品的模块智能规划做铺垫。

3.2.1 解析结构模型相关概念

在定制产品设计过程中,为解决产品多样性和成本之间的冲突,必须为设计过程提供一系列通用的产品模块,以达到资源共享、缩短产品成型时间和节省成本的目的。并且,模块化产品相互之间联系较弱,可以独立设计、制造、检测,可有效保证集成元件的个体质量,从而有利于提高整个产品的质量。因此,产品模块划分作为模块化技术的基础直接影响设计质量,是实现和满足产品质量需求的关键因素之一。

近年来,国内外许多学者在模块化设计技术领域相继做了研究。Stone等在功能图的基础上采用无向图搜索模块,该方法依赖于产品功能分解。Erixon等通过构造模块指示矩阵为模块划分提供了有力的定性分析依据。Tseng和王爱民研究了基于设计结构矩阵(DSM)的模块识别方法,这类方法是对设计活动的迭代聚类。上述方法基本适用于概念设计,属于启发式的模块规划方法,由此产生的划分方案都不是唯一的或优化的。这类数学规划求解方法缺乏定性参考,单纯依靠定量优化产生的最优解很不稳定,导致划分结果的有效性降低。

ISM是由Warfield于1973年为分析复杂的社会经济系统结构问题而提出的一种技术方法。该方法的基本工作过程如图3-4所示,其核心是:通过各种创造性技术并利用专家的经验知识提取复杂问题的构成要素,确定要素之间的关系(包括因果关系、数量关系、上下游关系等),然后利用有向图、矩阵等工具以及计算机技术对要素信息进行处理,通过计算机对关系矩阵的分析可获得复杂系统内部蕴含的结构模型,再经过与专家意识模型的比较修正,提高对系统的认知和理解程度。

ISM法的特点是将系统的逻辑关系以矩阵形式描述,通过对关联矩阵的演算和变换,将错综复杂的系统分解为简单直观的子系统,以便进一步挖掘系统内在信息。传统ISM分析的主要步骤如下。

步骤1 确定相关元素,建立关系矩阵。通过对系统相关元素S_n之间的关系分析,得到n阶关系矩阵$\boldsymbol{A}=[a_{ij}]_{n\times n}$,其中

$$a_{ij}=\begin{cases}1, & S_i\Re S_j,\quad \Re\text{表示}S_i\text{与}S_j\text{有关}\\ 0, & S_i\overline{\Re}S_j,\quad \overline{\Re}\text{表示}S_i\text{与}S_j\text{无关}\end{cases}$$

步骤2 求得可达矩阵。可达矩阵$\boldsymbol{R}$是以矩阵形式描述有向连接图各节

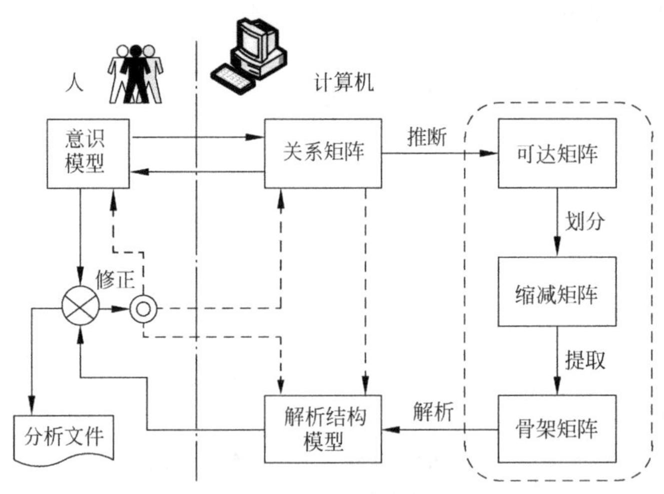

图 3-4　ISM 的过程模型

点之间经过一定长度的通路后可以到达的程度。其求解方法是按照布尔运算，在至多 $n-1$ 次演算后，若存在 $(\boldsymbol{A}+\boldsymbol{I})^{i}=(\boldsymbol{A}+\boldsymbol{I})^{i+1}$，则可得 $\boldsymbol{R}=(\boldsymbol{A}+\boldsymbol{I})^{i}$。

步骤 3　划分。根据问题需要，通过确定与元素 S_n 有关的元素集合（如可达集合 R、先行集合 B、共同集合 M）建立各类划分。不同类型的划分判别如下。

（1）连通域划分。若 $M=\{S_1,S_2,\cdots,S_k\}$，$k<n$，且 $R_1\cap R_2\cap\cdots\cap R_k\neq\varnothing$，则 $S_1,S_2,\cdots,S_k$ 属于同一个连通域。

（2）级间划分。设级间划分为 $\Gamma_k(n)=\{H_1,H_2,\cdots,H_k\}$，第 0 级为 H_0，则其迭代计算算法为

$$H_k=\{S_i\in N-L_0-L_1-\cdots-L_{k-1}\mid R(S_i)=R_{k-1}(S_i)\cap B_{k-1}(S_i)\}$$

（3）强连通域划分。通过删除可达矩阵中数值相同的行，得到缩减矩阵，即有强连接关系的要素。

步骤 4　模型分析。根据以上划分结果，构成系统的结构模型，为系统分析提供基础。

传统的 ISM 仍是以定性分析为主，缺乏量化描述，只强调系统元素之间是否有关联，无法揭示这些关联在强弱程度上的数量关系。此外，ISM 对所研究问题没有建立严格的数学模型，无法对系统进行优化分析。因此，传统的 ISM 在系统整体分析方面仍有所不足，在实际应用时需进一步改进和补充。

3.2.2　基于质量需求和功构关系的模块综合度量

在定制产品的模块化设计过程中，影响模块划分的主要因素是由外部驱动的客户需求和产品本身具有的相关特性。在产品具体设计过程中，客户需求必须映射为产品的质量特性，继而作为设计意图指导产品设计。就此而言，客户需求实质上是客户对产品质量特性的需求。另外，产品自身特性主要指产品功能结构之间的相关关系。因此，本节综合考虑质量需求和功构关系作为模块划分准则。

产品功能结构之间的相关关系，即组成产品的部件之间的交互关联关系。从面向生命周期的角度出发，可将部件之间的交互关联概括为：功能关联、物理关联、结构关联和辅助关联。为避免各关联关系的交叉，依据产品特性将各关联关系细分为不同的关联因素。①功能关联是指不同部件在共同实现某一子功能时的相互作用关系。对于各不同子功能，将其视为不同的功能关联因素，以便于在实际操作中根据产品特性有选择地对子功能进行分析。②物理关联是指部件之间的物质流、能量流和信号流的交换或传递等物理关系，其关联因素包括物质流、能量流和信号流等。③结构关联是指部件之间的几何连接关系和空间形位关系，其关联因素包括部件之间在连接、紧固、垂直度、平行度、同轴度等方面的几何相关性以及装配关系等。④辅助关联描述了产品在概念设计、详细设计、生产制造以及销售、维修等生命周期各阶段所涉及的其他属性，其关联因素包括重用性、更新性、维护性、回收性等。由此，上述关联因素可构成反映产品功构关系的关联因素集$\{RF_1, RF_2, \cdots, RF_L\}$。

表 3-1　部件关联因素强度值定义

关系类型	关系描述	数　值
极强	不可分	1.0
较强	连接紧密、关联性强	0.8
适中	有一定的关联度	0.6
一般	关系疏松	0.4
较弱	关系基本独立	0.2
无	无联系	0.0

实际应用中关联因素之间的关联程度有强弱等级的区别，如产品部件之间的力矩作用程度有大小强弱之分。因此，根据部件之间的关联特征，将部件之间的关联因素强度采用相对衡量数值 1、0.8、0.6、0.4、0.2、0 刻画，分别表

示不可缺、强、中、弱或无关系。表 3-1 所示为自定义的部件之间关联因素强度值。在具体分析时，设计师依据表 3-1 所示的关联因素强度准则确定部件 i 对部件 j 关于第 l 项关联因素强度 φ_{ij}^{l}，则产品部件 i 与 j 之间的关联因素强度关系可表示为

$$T_{ij}^{\varphi}=\begin{cases}\sum_{l=1}^{L} w_{l}\varphi_{ij}^{l}, & i\neq j\\ 0, & i=j\end{cases} \tag{3-1}$$

式中，w_l 为第 l 项关联因素的权重，$0\leqslant w_l\leqslant 1$，且 $\sum_{l=1}^{L} w_l=1$。

例如，对于功能关联因素，可针对某一项子功能，以 0～1 的数值表达部件两两之间对完成该子功能的相关程度，此值作为功能关联因素强度。对于物理关联因素、结构关联因素和辅助关联因素，以 0～1 的数值分别表示部件之间对于选定的各关联因素的关联程度，并以此值作为相应关联因素强度。

定制产品以满足客户需求为最大目标，是模块划分的基本依据。同时，产品具体形态也是质量特性经过一系列映射、分解、传递、转换等演化后的物理载体。所以，质量需求的变化会引起产品功能结构上的变动，从而改变产品部件之间的关联关系。为了衡量质量需求变动对产品部件之间关联关系的影响程度，可针对每一项质量需求构造一个质量屋来描述部件关联因素受该质量需求变化的影响情况，作为后续分析的基础。假设产品质量需求为 $\{QC_1, QC_2, \cdots, QC_G\}$，产品部件集为 $\{PP_1, PP_2, \cdots, PP_q\}$，则在构建的第 g 个质量屋中，质量需求 QC_g 与所有产品部件的关系矩阵可表示为 $QF=[\psi_{gq}]_{G\times Q}$。其中，$\psi_{gq}$ 的取值表示质量需求 QC_g 对部件 PP_q 的影响程度，同样采用相对衡量数值 1、0.8、0.6、0.4、0.2、0 刻画，分别表示影响极强、强、中等、弱、极弱和无影响。

为定量描述由于质量需求变化而引起的产品部件之间的变动程度，将所有质量需求对某一部件的影响总和作为部件相对质量需求的关联变动度，则产品部件 i 与 j 之间的关联变动度可表示为

$$T_{ij}^{\psi}=\begin{cases}\frac{1}{\chi}\sum_{g=1}^{G}\tilde{\omega}_{g}\psi_{gi}\psi_{gj}, & i\neq j\\ 0, & i=j\end{cases} \tag{3-2}$$

式中，$\tilde{\omega}_g$ 为第 g 项质量需求的权重；$\chi=\max_{ij}\left[\sum_{g=1}^{G}(\psi_{gi}\psi_{gj})\right]$。

3.2.3　定制产品 NISM 关联矩阵的构建

解析结构模型 ISM 法将系统的逻辑关系以矩阵形式描述，通过对关联矩阵的演算和变换，将错综复杂的系统分解为简单直观的子系统，以便进一步挖掘系统内在信息。现有的 ISM 都是将元素间的关系映射为二元布尔矩阵后进行分析，仅能表明两关联因素存在交互关联，无法表示关联的程度。为了更准确地实现产品关联关系的信息化表达，将传统的二元 ISM 模型扩展为量化 NISM。

将任意两个部件 i，j 之间关联因素强度和关联变动度的平均值定义为两部件的综合关联度 r_{ij}，则由式(3-1)和式(3-2)可得

$$r_{ij} = \frac{1}{2}(T_{ij}^{\varphi} + T_{ij}^{\psi}) \tag{3-3}$$

由此建立 NISM 关联矩阵 $\boldsymbol{R}=[r_{ij}]_{q\times q}$。部件的综合关联度构成了 NISM 关联矩阵，它量化了模块聚合的相关信息，为模块的形成提供了选择依据。

3.2.4　定制产品初始模块的 ISM 构建算法

根据 ISM，可将产品看成由点代表的部件和由边代表的部件间相互关联组成的有向图。设产品由 q 个部件组成，其编号为 $Y=\{y_1, y_2, \cdots, y_q\}$，初始模块形成的步骤如下。

(1) 产品关联矩阵的布尔化。选取一截值 λ，根据公式

$$a_{ij} = \begin{cases} 0, & r_{ij} < \lambda \\ 1, & r_{ij} \geqslant \lambda \end{cases} \tag{3-4}$$

对 NISM 关联矩阵进行布尔转化得布尔矩阵 $\boldsymbol{A}=[a_{ij}]$。若 $a_{ij}=1$，则认为部件 i 对部件 j 有直接影响；反之 $a_{ij}=0$，则认为部件 i 对部件 j 无直接影响。

(2) 根据布尔化后的关联矩阵求得可达矩阵。设 $\boldsymbol{A}_k=(\boldsymbol{I}\cup\boldsymbol{A})^k$（其中 $\boldsymbol{I}$ 为单元矩阵），当 $k>q_0$ 时，若有 $\boldsymbol{A}_k=\boldsymbol{A}_{k+1}=\cdots=\boldsymbol{A}_q$，则可达矩阵 $\boldsymbol{R}_{\mathrm{r}}=\boldsymbol{A}_{k+1}$。其中算子 $\cup$ 为逻辑和，即 $a\cup b=\max\{a, b\}$；算子 $\cap$ 为逻辑乘，即 $a\cap b=\min\{a, b\}$。在图论中，可达矩阵 $\boldsymbol{R}_{\mathrm{r}}$ 指有向图中从某一单元节点出发可能到达哪些单元节点的关系矩阵。在产品结构中表示某个部件与其他部件之间直接或间接的影响关系。

(3) 分解可达矩阵，识别强连通集合。设可达矩阵 $\boldsymbol{R}_{\mathrm{r}}=[r_{ij}]_{q\times q}$ 的等价矩阵为 $\boldsymbol{R}_{\mathrm{e}}$，则 $\boldsymbol{R}_{\mathrm{e}}=\boldsymbol{R}_{\mathrm{r}}\cap\boldsymbol{R}_{\mathrm{r}}^{\mathrm{T}}=[\overline{r_{ij}}]_{q\times q}=(\boldsymbol{r}_1, \boldsymbol{r}_2, \cdots, \boldsymbol{r}_q)^{\mathrm{T}}$，其中 $\boldsymbol{r}_i$ 为 q 维行向

量$(i=1,2,\cdots,q)$。这些行向量中所有互不相等的行向量组成的集合为$\{\boldsymbol{r}'_1,\boldsymbol{r}'_2,\cdots,\boldsymbol{r}'_m\}(1\leqslant m\leqslant q)$，则若$\boldsymbol{r}'_i$是有一个以上分量值为 1 的行向量，设$\boldsymbol{r}'_i(1\leqslant i\leqslant m')$中所有值为 1 的分量是$r_{ik_1},r_{ik_2},\cdots,r_{ik_t}$，$2\leqslant t\leqslant q$，则子系统$S'=\{y_{k_1},y_{k_2},\cdots,y_{k_t}\}$为一强连通子集。对$\boldsymbol{R}_e$做行列交换可使得结果更直观。强连通关系表明部件之间的相互影响，通过对强连通集合进行识别，可以分解相互影响部件模块关系。

(4) 初始模块的形成。根据每个强连通子集中的部件编号，获得一模块组合，其他剩余部件归并为一模块组合，由此形成初始模块划分。

上述步骤从信息交互的角度对各元素进行聚类分析，通过分解关联矩阵对强连通集合进行识别，找出部件间相互影响形成回路的子系统，构成以截值λ为水平的部件初始模块组合。由于以上分析过程中只体现部件间关联关系的直接影响，对模块化设计特性以及设计过程中的一些变动因素(例如设计需求的多样性)缺少考虑，因此有必要对初始模块进行优化。在建立优化数学模型时，以获得的初始模块组合为基础，以产品关联矩阵为依据，通过构建相应的目标函数来进行优化。

3.3 定制产品的模块智能规划

形成定制产品的初始模块后，可以以关联矩阵为基础，给出衡量模块聚合度、耦合度以及质量需求趋同度的数值量化计算方法，并用上述指标构造相应的优化数学模型。同时，应用成组遗传优化算法对初始模块进行优化，得到最优模块划分方案并且提供模块接口的设计策略，以实现大批量定制产品的模块智能规划。

3.3.1 定制产品的模块智能规划策略

针对不同设计目的，模块划分的评价准则会有所差异，但共同点是：以满足用户需求为最终目标，以功能为基础，以结构为载体，使模块内部具有强聚合性，而模块之间具有弱耦合性。因此，在产品模块的重构过程中遵循模块内零件关系聚合最大化、模块间耦合交互影响最小化以及质量需求趋同度最大化的原则。

假定产品P由q个部件组成，部件集合为$\{PP_1,PP_2,\cdots,PP_q\}$，产品$P$可分解成$k$个模块$\{M_1,M_2,\cdots,M_k\}$，即$P=M_1\cup M_2\cup\cdots\cup M_i\cup\cdots\cup M_k$，

其中第 k 个模块的零件数目为 D_k，设 $\boldsymbol{X}=[x_{ik}]_{q\times k}$，其中

$$x_{ik}=\begin{cases}1, & \text{第 } i \text{ 个部件属于第 } k \text{ 个模块}\\ 0, & \text{第 } i \text{ 个部件不属于第 } k \text{ 个模块}\end{cases} \tag{3-5}$$

衡量模块内部聚合性的主要依据是组内部件关系的紧密程度，存在大量交互关联的部件应归属于同一模块。因此以部件间的关联度为基础，定义第 k 个模块的聚合指数 MI_k 为

$$\mathrm{MI}_k=\frac{\sum\limits_{i=1}^{q-1}\sum\limits_{j=i+1}^{q}\dfrac{(r_{ij}+r_{ji})x_{ik}x_{jk}}{2r_{\max}}}{\sum\limits_{i=1}^{q-1}\sum\limits_{j=i+1}^{q}r_{\max}x_{ik}x_{jk}} \tag{3-6}$$

式中，$r_{\max}$ 为关联矩阵 $\boldsymbol{R}$ 中元素的最大值。则整个产品所有模块的聚合度 M_{C} 可表达为

$$M_{\mathrm{C}}=\frac{\sum\limits_{k=1}^{K}\left\{\sum\limits_{i=1}^{q-1}\sum\limits_{j=i+1}^{q}\left[\dfrac{1}{2}(r_{ij}+r_{ji})x_{ik}x_{jk}\mathrm{MI}_k\right]\right\}}{\sum\limits_{k=1}^{K}\left(\sum\limits_{i=1}^{q-1}\sum\limits_{j=i+1}^{q}r_{\max}x_{ik}x_{jk}\right)} \tag{3-7}$$

若模块内含一个零件，则该模块聚合度为 0。

两模块间的耦合性由一模块内部件与另一模块内部件的关联度决定。定义两模块 α、β 间的相对耦合指数 $\mathrm{MO}_{\alpha\beta}$ 为

$$\mathrm{MO}_{\alpha\beta}=\frac{\sum\limits_{i=1}^{q}\sum\limits_{j=1}^{q}\dfrac{(r_{ij}+r_{ji})x_{i\alpha}x_{j\beta}}{2r_{\max}}}{\sum\limits_{i=1}^{q}\sum\limits_{j=1}^{q}r_{\max}x_{i\alpha}x_{j\beta}} \tag{3-8}$$

式中，$r_{\max}$ 为关联矩阵 $\boldsymbol{R}$ 中元素的最大值。则产品模块间的耦合度 M_{S} 可表达为

$$M_{\mathrm{S}}=\frac{\sum\limits_{\alpha=1}^{k-1}\sum\limits_{\beta=\alpha+1}^{k}\left\{\sum\limits_{i=1}^{q}\sum\limits_{j=1}^{q}\left[\dfrac{(r_{ij}+r_{ji})x_{i\alpha}x_{j\beta}}{2}\mathrm{MO}_{\alpha\beta}\right]\right\}}{\sum\limits_{\alpha=1}^{k-1}\sum\limits_{\beta=\alpha+1}^{k}\left(\sum\limits_{i=1}^{q}\sum\limits_{j=1}^{q}r_{\max}x_{i\alpha}x_{j\beta}\right)} \tag{3-9}$$

能否满足客户质量需求是产品模块划分技术的关键因素。为了从工程角度量化表达质量需求对模块划分的影响程度，借鉴 QFD 的思想，将需求变化引起相应质量特性的变动以及质量的改动对产品具体构成部件的变更影响，映射为质量需求对产品部件的影响力。设 E_{gi} 为第 g 项质量需求对于第 i 个部件的影响力，并以模糊数值 0～1 刻画其强度：1 为最强，0 为无影响。

质量需求的趋同度由质量需求的一致性和稳定性体现。事实上，影响力 E_{gi} 的差异越小，模块变更程度就越一致，反之越不一致。因此根据统计分析理论，以设计需求对模块内部件的影响力差异度来衡量模块内设计需求的一致性，故定义产品第 k 个模块内第 g 项质量需求的差异度 S_{kg} 为

$$S_{kg}=\sqrt{\frac{1}{D_k}\sum_{i=1}^{q}[(E_{gi}-\overline{E_{gi}})^2 x_{ik}]} \tag{3-10}$$

式中

$$\overline{E_{gi}}=\frac{1}{D_k}\sum_{i=1}^{q}E_{gi}x_{ik} \tag{3-11}$$

另外，质量需求对模块内部件的影响力 E_{gi} 分布越一致，质量需求对于模块的影响就越稳定。根据模糊信息熵理论，当数据分布变异越小时，数据信息量的离散概率分配变异就越小，信息熵就越大。特别地，当模块内 E_{gi} 相同时信息熵应为最大值 1。故定义产品第 k 个模块内第 g 项质量需求的稳定度 H_{kg} 为

信息熵

$$H_{kg}=-\frac{1}{\ln D_k}\sum_{i=1}^{q}\left(\frac{E_{gi}x_{ik}}{\sum_{i=1}^{q}E_{gi}x_{ik}}\cdot\ln\frac{E_{gi}x_{ik}}{\sum_{i=1}^{q}E_{gi}x_{ik}}\right) \tag{3-12}$$

综合考虑差异度和稳定度，质量需求的趋同度 M_{R} 可表达为

$$M_{\mathrm{R}}=\frac{\sum_{k=1}^{K}\sum_{g=1}^{G}\left[\tilde{\omega}_g H_{kg}\left(1-\frac{S_{kg}}{S_{\max}}\right)\right]}{K} \tag{3-13}$$

式中，$\tilde{\omega}_g$ 为第 g 项质量需求的权重，$0\leqslant\tilde{\omega}_g\leqslant 1$，且 $\sum_{g=1}^{G}\tilde{\omega}_g=1$；$S_{\max}$ 为产品模块中最大差异度。

3.3.2 定制产品的模块智能规划数学模型

综合考虑产品模块的聚合度、耦合度以及质量需求趋同度，以 M_{C}、M_{S} 和 M_{R} 线性加权为目标函数，得到模块重构的优化数学模型及其约束如下：

$$\max F=w_{\mathrm{C}}M_{\mathrm{C}}+w_{\mathrm{S}}(1-M_{\mathrm{S}})+w_{\mathrm{R}}M_{\mathrm{R}} \tag{3-14}$$

$$\sum_{k=1}^{K}x_{ik}=1,\quad i=1,2,\cdots,Q \tag{3-15}$$

$$\sum_{i=1}^{Q} x_{ik} = D_k, \quad k = 1,2,\cdots,K \tag{3-16}$$

$$x_{ik} = 1 \text{ 或 } 0, \quad i = 1,2,\cdots,Q, k = 1,2,\cdots,K \tag{3-17}$$

$$\mathrm{ML} \leqslant K \leqslant \mathrm{MU} \tag{3-18}$$

$$w_{\mathrm{C}} + w_{\mathrm{S}} + w_{\mathrm{R}} = 1 \tag{3-19}$$

式中，w_{C}、w_{S} 和 w_{R} 分别为 M_{C}、M_{S} 和 M_{R} 的权重；ML 为最小模块数，取值为 2；MU 为最大模块数，取值为关联矩阵的缩减可达矩阵维数。

由于在构造式(3-7)、式(3-9)和式(3-13)时分别做了归一化处理，消除了量纲差异性，使得 M_{C}、M_{S} 和 M_{R} 的指标值具有可比性，因此，以三式的线性加权作为目标函数是合理有效的。

3.3.3　定制产品的模块智能规划求解算法

由于上述优化模型属于 NP-hard 问题，为寻求最佳近似解，采用 Falkenuaer 提出的广义梯度近似(generalized gradent approximation，GGA)算法。GGA 与简单遗传算法(simple genetic algorithm，SGA)的最大不同处在于，GGA 同代群体中的染色体可有不同的长度，避免了 SGA 中由于染色体长度不确定而人为设置过长染色体导致的效率降低的缺点，这一优点非常适合解决本优化问题。

NP-hard

在 Falkenauer 提出的选择、交叉和变异操作基础上，为控制模块数目，在产生新染色体后必须对染色体长度进行校验，执行相应的分解与合并操作。分解操作：若染色体长度所代表的模块数小于最小模块数目，则随机指定所含部件数大于 2 的模块并在随机位置一分为二，产生新模块，重复分解操作，直至满足模块数要求。合并操作：若染色体长度所代表的模块数大于最大模块数目，则将适应度较差的多余模块删除，将其所包含的部件随机分配给剩余模块。初始群体直接影响算法的效率和收敛效果，为缩小种群搜索空间，以 ISM 模型分解所得的模块为基础产生初始群体。

第4章

基于多目标进化的产品族调节重构技术

基于平台的产品族开发是提高产品内部通用性、增强产品外部多样性、实现大批量定制的有效策略，已成为过去10年内极为活跃的研究课题，并仍在受到越来越多的关注。产品族是指一组公共的部件、模块或组件衍生而来的相关产品系列，以满足一类相似的市场细分。对于某个产品族来说，这组公共的参数、特征和/或部件就是产品平台。大批量定制的产品族区别于模块化产品的模块添加、替换和移除策略，它是在产品平台常量参数不变的条件下，通过可调节变量的垂直调节，实现满足客户需求的多样化产品，以快速响应多变的市场需求。然而，产品族的调节重构绝非易事，它不仅包含产品设计的所有难题，同时还增加了协调多个产品以在不损失各产品个性特征的前提下尽量增加产品间共性这一复杂性，需确定最佳的产品平台设置及基于此的系列产品设计方案。产品平台常量与可调节变量集合、平台设计常量取值和实例产品可调节变量取值是产品族可重构设计的3个待求解问题。针对当前的产品族设计方法不能在提高平台通用性的同时优化产品性能的缺陷，本章提出基于多目标进化的产品族调节重构设计方法，通过两个阶段分别优化产品平台常量参数和可调节变量，并建立了基于拥挤距离排序的多目标粒子群算法，用于大批量定制情形产品族设计中多目标优化问题的求解。

4.1 产品族的两阶段调节重构设计方法

基于相容决策支持问题（compromise decision support problem，CDSP）的产品族设计方法，仅能使实例产品满足设计目标，即与设计目标的偏差最小，而不能在满足产品族设计目标的同时优化产品的性能。由于设计目标的制定需要较多的问题领域知识和CDSP本身建模与求解的复杂性，该类方法的应用受到限制。因此，我们根据实际问题经常包括多个相互冲突设计目标的特点，提出基于多目标进化算法的产品族两阶段调节重构设计方法。

4.1.1　基于 MOEA 的产品族设计流程

根据参数化产品族的原理模型，在该类产品族的重构过程中有 3 个待求解问题，分别是：①划分合理的平台常量和可调节变量集合；②确定平台常量取值；③确定每个实例产品的可调节变量取值。产品族调节重构的核心目的是在提高平台通用性的同时，优化各实例产品的性能。建立基于多目标进化算法（multi-objective evolutionary algorithms，MOEA）的产品族调节重构设计方法（multi-objective optimization-based product family development methodology，MOPDM）如图 4-1 所示。

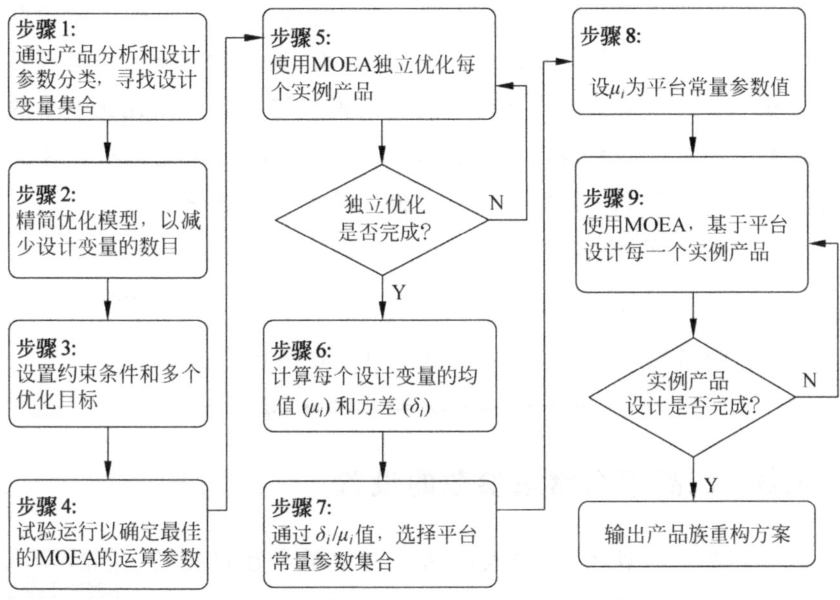

图 4-1　MOPDM 的产品族调节重构流程

总体来说，图 4-1 中 MOPDM 分为两个阶段，分别是平台常量规划阶段和基于平台的实例产品设计阶段。在产品族设计进行之前，首先要建立产品的优化模型。步骤 1～步骤 3 通过设计参数分类、模型精简和优化目标与约束条件设置，建立系列产品优化的数学模型。其中，各实例产品模型基本相同，区别仅在于性能指标不同。然后，在平台常量规划阶段中，步骤 5 独立优化每个实例产品，步骤 6～步骤 8 通过设计变量的变化率决定平台常量集合及其取值。接着进行步骤 9 基于平台的调节重构设计，求得每个实例产品优化的可调节变量值，最后输出产品族设计结果。

4.1.2 实例产品族优化数学建模

在满足设计要求的前提下，开发人员通常希望产品族能够具有更高的性能、更低的制造成本或更好的可制造性。可通过产品分析和系统规划获得产品族的设计变量、优化目标和设计约束。

在 MOPDM 的步骤 1 和步骤 2 中，应选择对产品性能有显著影响的参数作为设计变量，去除对产品性能影响较小的设计变量，并将在各产品中都通用的结构、材料等参数作为设计常量，以减少设计变量的数目，降低优化问题的复杂性，进而确定每个设计变量的取值范围和数值类型，包括离散型、连续型等。步骤 3 根据产品特性选择优化目标，多个优化目标之间可以保持竞争关系。设计约束按类型可分为几何约束、拓扑约束、性能约束等；按范围可分为等式约束和不等式约束。约束条件的正确设置直接影响产品优化结果的合理性。若约束条件设置不完整，将导致无法获得优化解或优化解不合理而失去参考价值。通过步骤 1～步骤 3，建立实例产品优化的数学模型：

$$
\begin{aligned}
&\text{设计变量：} x_i(x_i^{\min} \leqslant x_i \leqslant x_i^{\max}, i = 1,2,\cdots,n) \\
&\text{优化目标：} \min f_j(X), j = 1,2,\cdots,m \\
&\text{设计约束：} g_k(x) \geqslant 0, k = 1,2,\cdots,p \\
&\qquad\qquad\quad h_r(x) = 0, r = 1,2,\cdots,q
\end{aligned}
\tag{4-1}
$$

4.1.3 产品平台常量参数的设置

建立产品数学模型之后，进入产品平台常量参数设置阶段，即通过多目标进化算法及帕累托(Pareto)选优，获得产品平台常量参数集合及常量参数取值。平台常量规划阶段主要包括图 4-1 中的步骤 4～步骤 8，过程描述如下。

Pareto 最优

1. MOEA 运算参数的设置

在步骤 4 中，通过试验运行以确定最佳的 MOEA 运算参数，包括优化问题求解所需的最佳种群数目、迭代次数、交叉/变异概率或粒子飞行惯性权重等。这些参数的取值与优化问题中设计变量的数目直接相关，由于缺少定量分析方法，该类运算参数只能通过试验运行获得相对最佳值。合理的参数设置可显著提高 MOEA 的运算效率与全局寻优能力。

2. 基于 MOEA 的独立产品优化设计

步骤 5 不考虑产品族的通用性需求，将每个设计变量都作为可调节变量，用多目标进化算法对每个产品独立进行优化。根据试验运行获得的 MOEA 运算参数，对每一个实例产品的数学模型使用 MOEA 求得 Pareto 最优集，并采用基于模糊集理论的 Pareto 选优方法选出一个解作为该产品的优化结果。

3. 计算设计变量的均值、方差和变化率

在步骤 6 中，汇总步骤 5 得到的产品族中所有实例产品的设计变量优化值，计算每个变量的均值 μ_i 和方差 δ_i（i 为设计变量序号），并求得变量的变化率：

$$\bar{\delta}_i = \delta_i/\mu_i, \quad i = 1,2,\cdots,n \tag{4-2}$$

4. 确定产品平台的常量参数

在步骤 7 和步骤 8 中，比较设计变量的变化率 $\bar{\delta}_i$，选取变化率较小的变量作为产品平台常量参数，变化率较大的变量作为可调节变量，并取 μ_i 为产品平台常量值。选择不同的常量参数集合，产品族将具有不同的通用性与产品性能。需根据产品的结构与制造特性，综合考虑变量的变化率、调节的难易程度及其对产品族通用性的影响等因素，选择合适的常量参数集合，实现产品族通用性与实例产品性能的平衡。

4.1.4　实例产品族调节变量的取值

在平台规划阶段获得产品平台常量参数之后，进行实例产品可调节变量的重构设计，如图 4-1 中步骤 9 所示。对于每一个实例产品，构建面向该产品的特定问题描述。其中，将产品平台常量参数作为已知量写入优化模型，设计变量仅包括可调节变量。优化目标、设计约束与平台规划阶段的优化模型相同。建立基于平台的实例产品优化模型：

$$\begin{aligned}
&\text{平台常量：} x_c\,(c = 1,2,\cdots,C)\\
&\text{可调节变量：} x_i\,(x_i^{\min} \leqslant x_i \leqslant x_i^{\max}, i = 1,2,\cdots,s)\\
&\text{优化目标：} \min f_j(X), j = 1,2,\cdots,m\\
&\text{设计约束：} g_k(x) \geqslant 0, k = 1,2,\cdots,p\\
&\qquad\qquad\quad h_r(x) = 0, r = 1,2,\cdots,q
\end{aligned} \tag{4-3}$$

采用与平台规划阶段相同的多目标进化算法及 Pareto 选优方法，依次求解产品族中每个实例产品的可调节变量值，完成产品族的重构设计，并输出最终产品族设计方案。

总体来说，上述 MOPDM 方法通过两个阶段完成了单平台参数化产品族的重构，即首先通过平台规划获得平台常量参数集合及取值，接着进行实例产品可调节变量的设计，设计变量在所有实例产品中全部共享或全部独立。与单步参数化产品族设计同时进行平台规划和实例产品设计相比，MOPDM 降低了问题求解的复杂度，但是以增加了多目标进化运算的次数作为代价。例如，对于一个包含 c 个实例产品、n 个设计变量、s 个设计约束和 m 个优化目标的产品族设计问题，MOPDM 需要 $2c$ 次运算以生成最终的产品族设计方案。而把该问题放入一个优化模型并使用一次运算求解，其问题复杂度将远高于 MOPDM 方法，当前的多目标进化算法由于计算负担重而难以获得稳定的优化解。

对于 MOPDM 中使用的具体多目标进化算法，从原理上说，许多 MOEA 如 NSGA、NSGA-II、SPEA 和 SPEA2 等均可适用。但从运算性能角度分析，使用的 MOEA 需具有较快的运算速度，Pareto 前沿具有良好的收敛性和多样性特征，且能够控制 Pareto 最优解的数目，以利于设计方案权衡。因此，提出一种基于拥挤距离排序的多目标粒子群算法，用于 MOPDM 中多目标优化设计问题的求解。

4.2 基于改进多目标粒子群算法的产品族优化模型求解

产品族的两阶段调节设计方法通过两个阶段分别优化产品平台常量参数和可调节变量。本节提出基于拥挤距离排序的多目标粒子群算法，用于产品族设计中多目标优化问题的求解。通过使用精英保留、分散区域进化和小概率变异机制，保证了算法的收敛性和多样性特征。

4.2.1 粒子群算法概述

粒子群优化算法(partical swarm optimization，PSO)是一种群体智能算法，来源于对鸟群或鱼群觅食行为的模拟。PSO 基于个体改进、种群协作与竞争机制实行进化运算，具有理论简单、易于编码实现和计算消耗低的特点，已成功应用于许多优化设计问题。

与遗传算法的交叉和变异算子不同，粒子群算法的核心操作是粒子的速度和位置更新公式。设粒子群包括 N 个粒子，第 $i(i=1,2,\cdots,N)$个粒子在 n

维搜索空间中的位置和速度分别表示为 $\boldsymbol{X}_i=[x_{i,1},x_{i,2},\cdots,x_{i,n}]$ 和 $\boldsymbol{V}_i=[v_{i,1},v_{i,2},\cdots,v_{i,n}]$，每个粒子的局部最优位置(pbest)表示为 $\boldsymbol{P}_i=[p_{i,1},p_{i,2},\cdots,p_{i,n}]$，所有粒子的全局最优位置(gbest)表示为 $\boldsymbol{P}_g=[p_{g,1},p_{g,2},\cdots,p_{g,n}]$。每个粒子的速度更新公式为

$$v_{i,j}(k+1)=\omega v_{i,j}(k)+c_1 r_1(p_{i,j}-x_{i,j}(k))+c_2 r_2(p_{g,j}-x_{i,j}(k)),$$
$$i=1,2,\cdots,N,\quad j=1,2,\cdots,n \tag{4-4}$$

式中，k 为进化代数；c_1、c_2 为正的常数，称为学习因子；ω 为惯性权重；r_1、r_2 是两个相互独立的[0,1]之间的随机数。

在粒子的速度更新之后，采用如下公式更新每个粒子的位置：

$$x_{i,j}(k+1)=x_{i,j}(k)+v_{i,j}(k+1),i=1,2,\cdots,N,\quad j=1,2,\cdots,n \tag{4-5}$$

粒子新位置计算完成后，比较每个粒子的新位置和局部最优位置的目标值。若新位置优于局部最优位置，则更新 pbest 为新位置，否则 pbest 保持原始值不变。根据新粒子群的全局最优解更新 gbest，继续下一代进化。单目标 PSO 算法完成一定数量的进化运算之后，粒子群收敛到全局最优解，则求得一个全局最优目标值。

PSO 具有高速收敛和易于实现的特点，因此适合被扩展而应用于多目标优化问题的求解。

4.2.2 多目标粒子群算法的改进

多目标进化算法需保证 Pareto 前沿的收敛性和多样性特征，因此将单目标 PSO 算法改造为多目标 PSO 算法(multiple objective PSO，MOPSO)，关键是设置合理的 Pareto 集多样性维持策略和粒子群全局最优值更新操作。

基于动态网格技术的 MOPSO 算法在粒子数最少的网格内随机选择全局极值，在进化过程中自适应调整网格进行粒子的动态划分，但网格自适应调整的计算复杂度高。粒子群多方向进化的 MOPSO 采用分割策略对子群体设置不同的全局极值，但是全局最优值选择策略比较复杂。基于动态交换的 MOPSO 将粒子群划分为 Pareto 集和非 Pareto 集，从 Pareto 集中随机选取全局极值，不断交换两个集合中的粒子，但缺乏 Pareto 最优集多样性的维护策略。

Deb 在 NSGA-Ⅱ中提出的拥挤距离方法能够快速判断同一支配等级下个体之间的密集程度。借鉴精英策略和拥挤距离计算方法，本节提出基于拥挤距离排序的多目标粒子群算法(distance sorting based multi-objective particle swarm optimization，DSMOPSO)，基于个体拥挤距离降序排列进行 Pareto 集的多样性保持和全局最优值更新，免除了复杂的适应度计算过程，并引入小概率随机变异机制增强算法的全局寻优能力。DSMOPSO 的主要改进策略介绍如下。

1. 外部种群的更新

DSMOPSO 保留外部种群以存储运算过程中产生的非支配个体，基于拥挤距离排序进行外部种群的缩减，其更新策略如图 4-2 所示。

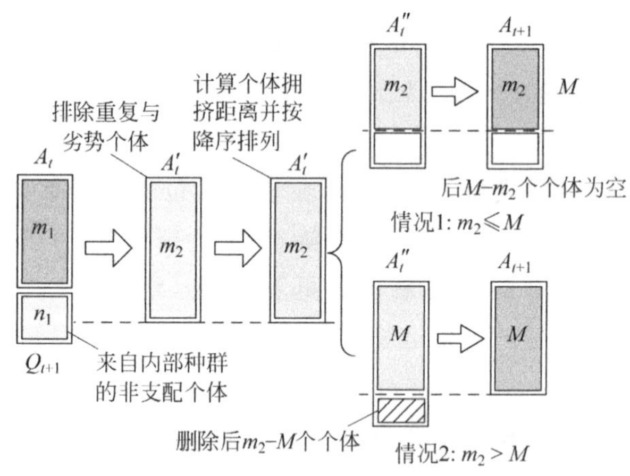

图 4-2　外部种群的更新策略

设第 t 代外部种群 A_t 包含 m_1 个个体，外部种群最大个体数为 $M(m_1 \leqslant M)$。内部粒子群 P 进化后，将产生的 n_1 个非支配个体复制到外部种群，形成种群 A_t'。首先，删除 A_t' 中的重复个体，此时判断目标值相同的个体即为重复个体，随机删除一个而保留另一个。然后，标记并删除 A_t' 中的非支配个体，记 A_t' 中包含的非劣个体数为 $m_2(m_2 \leqslant m_1+n_1)$。计算 A_t' 中所有个体的拥挤距离并按降序排列，记为种群 A_t''。判断 m_2 与 M 的数值关系，若 $m_2 \leqslant M$，如图 4-2 中情况 1 所示，则将 A_t'' 记为新外部种群 A_{t+1}，此时 A_{t+1} 的后 $M-m_2$ 个个体为空；否则，如图 4-2 中情况 2 所示，调用外部种群的缩减过程，仅保留 A_t'' 中的前 M 个个体，删除后 m_2-M 个最密集个体，形成缩减的外部种群 A_{t+1}。

该更新策略保持外部种群的个体数在最大值 M 之内，避免了随着进化运算的进行，非支配个体数无限增多而降低算法效率；同时，外部种群缩减时删除最密集的多余个体，而保留大量分散个体，保证了 Pareto 前沿的均匀分布。

2. 全局最优值的更新

DSMOPSO 需获得分布均匀的 Pareto 前沿，因此全局最优值 gbest 的选择不同于单目标 PSO 中仅选择目标值最大或最小的点，而是要选择处于 Pareto 前沿中分散区域点，引导粒子群向分散区域进化。

外部种群 A 更新完成后，所有个体按拥挤距离降序排列，全局最优值的更新策略如图 4-3 所示，分为两种情况。

(1) 若 A 中所有个体的拥挤距离都为无穷大(crowding distance=INF，即 CD=INF)，即仅包括数量较少的边界个体，则随机选择一个作为 gbest，如图 4-3(a)所示。

(2) 若 A 中包括拥挤距离不为无穷大的个体，则随机选择一个拥挤距离较大的个体作为 gbest，如图 4-3(b)所示，其计算公式为

$$\begin{cases} \text{gbest} = A_k \\ k = \text{Irnd}(n, n + \text{Round}((m - n) \times 0.1)) \end{cases} \tag{4-6}$$

式中，n 为按拥挤距离降序排列种群 A 中第 1 个拥挤距离不为 INF 的个体序号($n>1$)；A 包括 m 个个体($m \geqslant n$)，在 $n \sim n+\text{Round}((m-n)\times 0.1)$ 中随机选择一个个体作为 gbest；Round 函数表示四舍五入运算；Irnd(n,k)函数返回 $[n,k]$ 之间的一个随机整数；$(m-n)\times 0.1$ 将选择范围限制在拥挤距离较大的个体区间内。此时随机选出的 gbest 是一个处于 Pareto 前沿中分散区域的个体。

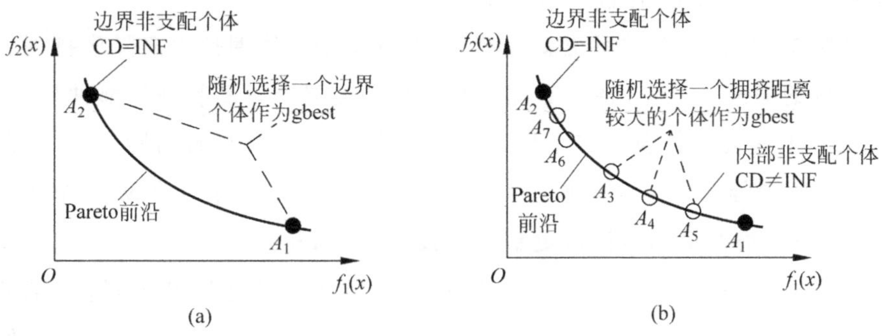

图 4-3　全局最优值的更新策略

3. 小概率随机变异

MOPSO 保持了 PSO 收敛速度快的特点，但过快的收敛速度在多目标优化中存在弊端。因为收敛过快、搜索范围受限，常导致 MOPSO 收敛到局部 Pareto 前沿，而非全局 Pareto 最优前沿。DSMOPSO 在内部粒子群的进化过程中加入随机变异机制，对粒子位置产生小范围扰动，以增强算法的全局搜索能力。粒子位置使用多项式变异规则(polynomial mutation，PM)，变异概率 p_m

通常为[0,1]区间内一个较小的数。

对于使用浮点数表达的粒子位置 x_i，多项式变异规则为

$$x'_i = x_i + (x_i^U - x_i^L)\bar{\delta}_i \tag{4-7}$$

式中，x_i^U 和 x_i^L 分别为变量 x_i 的上界和下界；x'_i 为粒子经过变异操作的新位置。$\bar{\delta}_i$ 服从多项式分布：

$$\bar{\delta}_i = \begin{cases} (2r_i)^{1/(\eta_m+1)} - 1, & r_i < 0.5 \\ 1 - [2(1-r_i)]^{1/(\eta_m+1)}, & r_i \geqslant 0.5 \end{cases} \tag{4-8}$$

式中，η_m 为变异分布指数，一般等于 20；r_i 为[0,1]区间的一个随机数。粒子位置的变异操作以概率 p_m 发生。

4.2.3 基于拥挤距离排序的多目标粒子群算法的实现

综合基本 PSO 算法、外部种群更新、全局最优值更新和小概率变异机制，基于拥挤距离排序的多目标粒子群算法（DSMOPSO）的运算步骤描述如下。

步骤 1 初始化内外种群。内部粒子群的变量在规定区间范围内随机取值，粒子速度初值为 0，局部最优值等于变量值；根据变量值计算目标函数值；初始化外部种群为空，迭代次数等于 0。

步骤 2 根据支配关系更新外部种群，并基于个体拥挤距离降序排列进行外部种群的缩减。首先，将内部种群的所有非支配个体复制到外部种群 A，删除 A 中所有重复个体及劣势个体；然后，计算 A 中个体的拥挤距离，并按降序排列；最后，判断 A 中个体数是否超过 M，若超过，则仅保留前 M 个个体。

步骤 3 根据全局最优值更新策略设置新的 gbest。

步骤 4 根据式(4-4)、式(4-5)更新内部粒子群的速度和位置，若某变量超出其边界范围，则该变量等于边界值，且该维速度方向变反（即速度值乘 −1），计算目标函数值。依据支配关系比较粒子新位置和局部最优位置的优劣，更新每个粒子的局部最优位置。

步骤 5 内部粒子群变异运算，保证变量值处于 $x_{\min}$ 与 $x_{\max}$ 之间。

步骤 6 判断是否达到最大循环代数，若达到则输出外部种群，获得 Pareto 最优集；否则，迭代次数加 1，返回步骤 2 继续运行。

DSMOPSO 的运算流程如图 4-4 所示，算法具有以下特征：

(1) 采用拥挤距离排序方法进行外部种群的更新，控制了个体的数目，并

保持了 Pareto 集的多样性；

（2）选择 Pareto 集中分散区域的个体作为全局最优解，保证了粒子群的多方向进化；

（3）小概率随机变异机制增强了算法的全局寻优能力，提高了算法的收敛性。

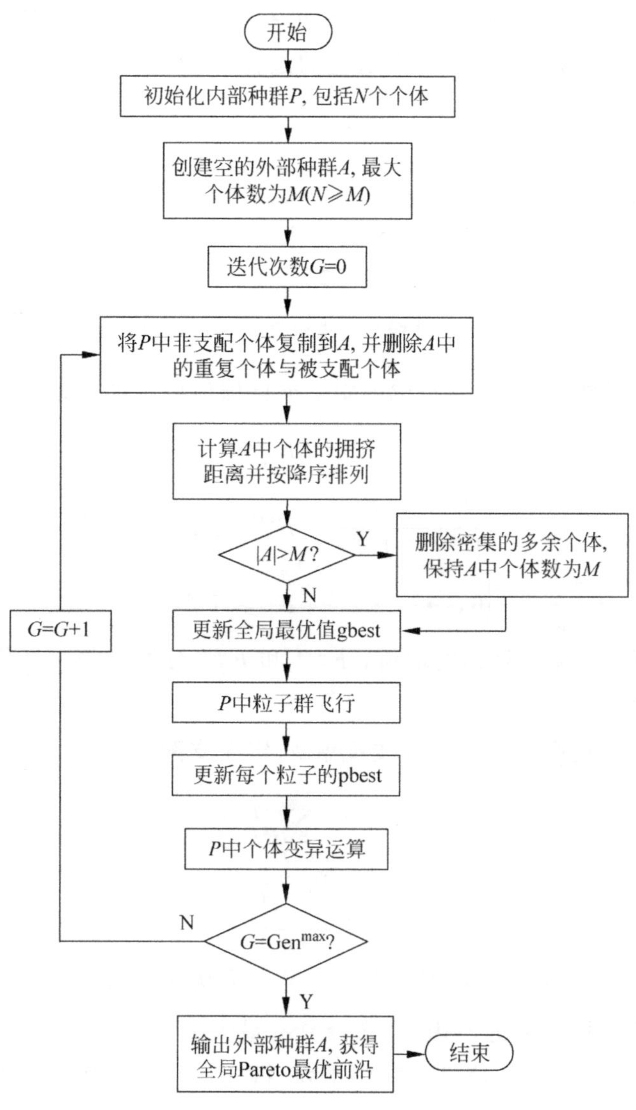

图 4-4　DSMOPSO 的运算流程

4.3 基于模糊集合理论的产品族 Pareto 选优

使用 DSMOPSO 算法求得多目标优化问题的 Pareto 集，接下来需要在该解集中选出一个最优解，作为实例产品的权衡设计方案。由于人工 Pareto 选优包括多种不确定的主观偏好因素，因此采用基于模糊集合理论的 Pareto 集选优方法，建立多目标优化求解及选优的过程，如图 4-5 所示。

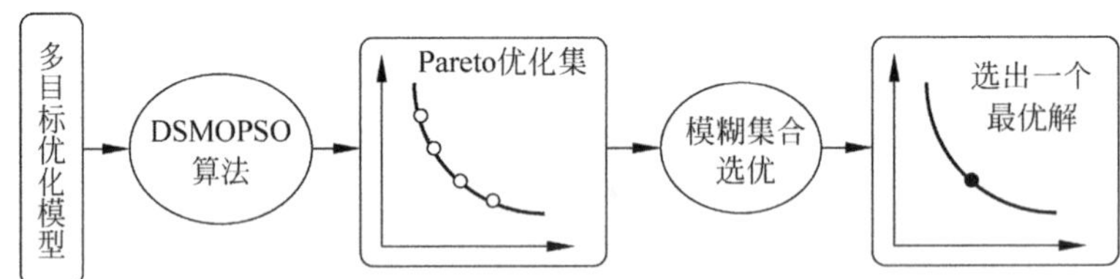

图 4-5 多目标优化求解及选优过程示意图

定义成员函数 μ_i 表示一个解的第 i 个目标值所占的比重：

$$\mu_i=\begin{cases}1, & F_i \leqslant F_i^{\min} \\ \dfrac{F_i^{\max}-F_i}{F_i^{\max}-F_i^{\min}}, & F_i^{\min} \leqslant F_i \leqslant F_i^{\max} \\ 0, & F_i \geqslant F_i^{\max}\end{cases} \tag{4-9}$$

式中，F_i 为第 i 个优化目标的取值；$F_i^{\max}$ 和 $F_i^{\min}$ 分别为第 i 个优化目标的最大值和最小值。

对于 Pareto 集中的每一个非支配解 k，定义支配函数 μ^k 为

$$\mu^k=\frac{\sum_{i=1}^{N_{\mathrm{obj}}}\mu_i^k}{\sum_{j=1}^{M_{\mathrm{p}}}\sum_{i=1}^{N_{\mathrm{obj}}}\mu_i^j} \tag{4-10}$$

式中，M_{p} 为 Pareto 集所包含解的个数；N_{obj} 为优化目标的个数。μ^k 值越大，表示该解的综合性能越好。因此，选择具有最大 μ^k 值的解作为 Pareto 集的最优解。将 Pareto 集按 μ^k 值进行降序排列，得到可行解选择的优先序列。

第5章

基于模糊评价的产品个性化配置寻优技术

扩大生产规模是降低生产成本的有效手段,而随着人民生活水平的日益提高,消费者不再简单地满足对产品功能的需求,而越来越希望定制个性化的产品。然而,个性化的生产必然导致规模缩小,成本上升,因为个性化意味着不能千篇一律,无法用单个模板制造多个产品。大批量定制旨在为消费者提供充分多样化的产品和服务,并确保每一个消费者都能够以一个合理的价格获得他/她所需要的特定产品。大批量个性化定制是指以大规模生产的成本去实现客户个性化的需求,根据客户的特殊需求,通过对基型产品或其组成的模块进行模块化设计或参数化变型设计,为客户提供个性化的定制产品,提高生产效率和效益,实现大批量生产和传统定制设计的有机结合,它的流行已经是一个不可否认的事实。产品个性化配置是实现大批量定制的重要方法之一,可以有效实现用户个性化和批量生产低成本的有机结合。但是,在产品个性化配置过程中,有效的配置方案往往数量非常大。因此,本章提出基于模糊评价的产品个性化配置寻优技术,应用模糊数学评价理论与最小二乘法构建了定制产品个性化配置优化模型,并采用基于改进的非支配排序遗传算法(NSGA-II)进行并行优化,以求得满足客户个性化需求的最佳产品配置方案。

5.1 定制产品的个性化单元配置基础

目前定制产品的个性化配置优化方法考虑的优化目标多为单一静态的,而在面向大规模定制的产品个性化设计过程中,产品个性化配置方案的优化目标应该随着客户需求侧重点的不同而动态变化。如何针对客户的需求侧重点求取最佳的定制产品个性化配置方案,已成为企业亟待解决的瓶颈问题。为此,我们在建立基于事物特性表的模块族模型基础上,以影响企业订单的三个主要参数(产品性能、成本及出货期)为出发点,构建了以产品性能、成本及出货期为目标函数的多目标个性化配置优化模型。并提出基于 NSGA-II 的多目标个性化配置优化方法对三者进行并行优化,进而获得一系列个性化配置优化方案 Pareto 集来满足不同客户对产品性能、成本及出货期的个性化需求,解决客户个性化需求的侧重点是对定制产品设计结果的适应性处理。

5.1.1 基于事物特性表的定制产品个性化配置

利用模块化技术进行定制产品个性化配置优化是大批量个性化定制设计过程中涉及的基础问题和热点问题。在个性化定制产品模块单元的多尺度智能规划过程中，个性化定制产品单元通过合理智能规划形成了大量的模块。然后需要对这些模块进行有效的管理，通过引入定量和定性的特征参数来更详细、准确地描述划分后的模块，使得设计人员在产品个性化配置设计过程中，能够快速、有效地从模块库中找到满足不同的个性化客户配置需求的模块单元，提高产品个性化配置设计效率，优化定制产品的个性化配置结构，实现定制产品的个性化单元配置寻优。

通常来说，模块单元是由一个或多个部件按照不同的方式组合而成的，因此，模块单元和部件一样也具有一些识别特征，比如功能特征、结构特征、性能特征、成本特征、工期特征、形状特征、材料特征、装配特征、技术特征等，可以利用这些特征来描述和识别模块单元，建立基于事物特性表的模块族。对于基于事物特性表的模块族进行如下定义。

基于事物特性表的模块族，是指具有一定识别特征，并且主体特征相同，特征参数值不同的模块集合。模块族的事物特性表一般可以描述模块单元的分类特性、属性特性、事物特性、功能特性、几何特性和补充特性等模块特征信息，同时通过规定这些特征的表达形式，使模块单元的特性数据能够方便地在不同的系统之间交换，实现模块单元的分类、检索和重复利用及产品设计过程的变型响应。

设有模块族 M^Z，该模块族包含模块实例 $M_1^Z, M_2^Z, M_3^Z, \cdots, M_n^Z$，建立模块族 M^Z 的事物特性表 L_Z，如图 5-1 所示。

5.1.2 定制产品的个性化配置寻优结构模型

定制产品的个性化配置模型表示产品的组成结构，即产品的 BOM。定制产品的个性化配置模型构建是以模块族为基础的，产品个性化配置模型中的二级节点用基于事物特性表的模块族来表示，定制产品个性化配置结构模型代表了一系列可以完成产品个性化配置功能需求的模块族集合。图 5-2 所示为定制产品个性化配置结构模型，在定制产品个性化配置优化设计过程中，对于模型中产品的功能特性 A，可以用模块族 M_A 来表示，模块族 M_A 中包含实现产品功能特性 A 的所有可用模块实例($M_A^1, M_A^2, \cdots, M_A^K$)。模块族 M_A 中的每个模块实例由一系列零件组成。

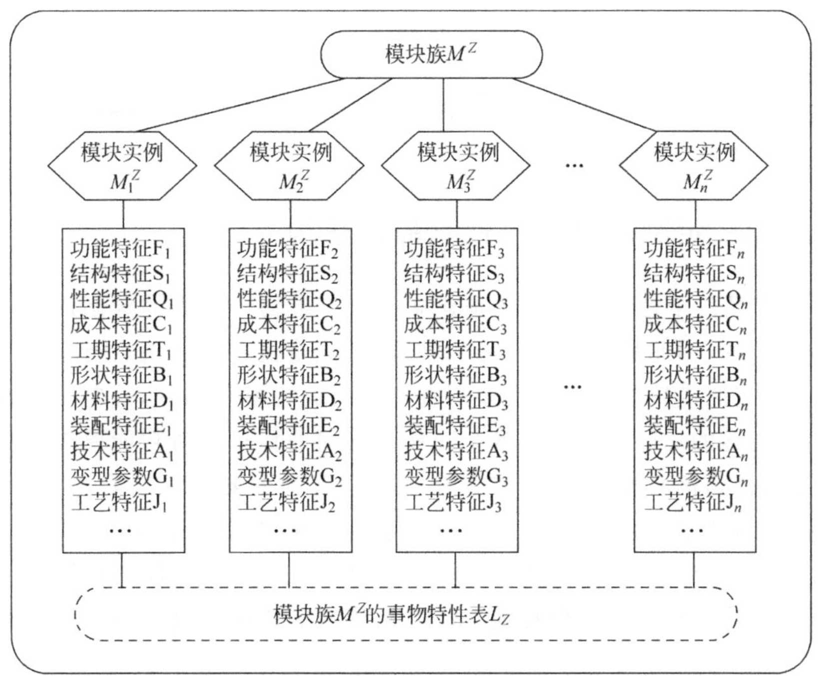

图 5-1　模块族的事物特性表

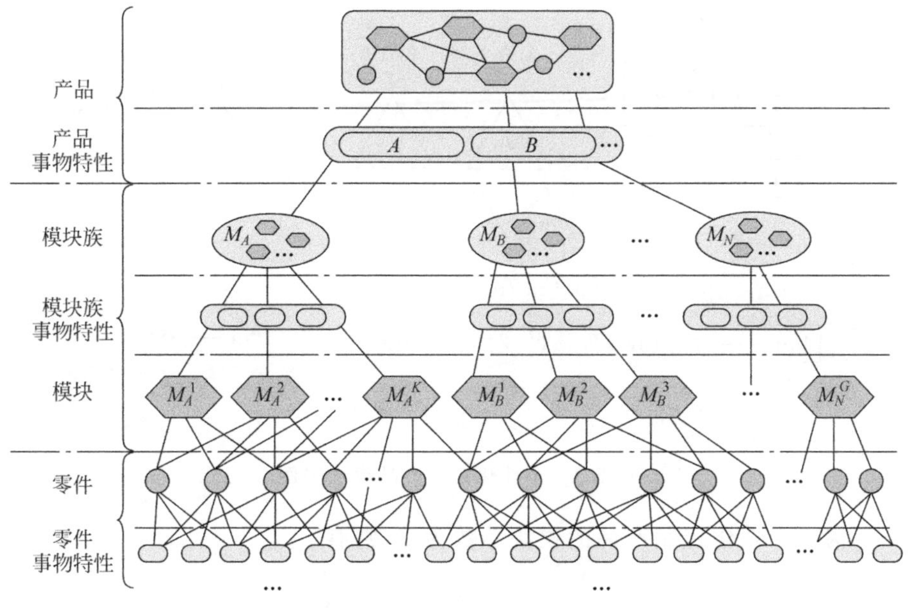

图 5-2　定制产品个性化配置结构模型

定制产品个性化配置结构模型是产品个性化配置优化设计的基础，一个有效的个性化配置结构模型包含了多种可行的产品个性化配置方案。定制产品个性化配置结构模型可以在开发时建立，也可以通过对企业现有产品进行系列化、标准化处理来归纳出来。定制产品的个性化配置结构模型并不是一成不变的，在企业实际设计及生产过程中可以不断对模型进行改正，使之更加适应企业产品发展的需要。

5.1.3 定制产品的个性化配置结构

定制产品的个性化配置优化是建立在基于事物特性表的定制产品模型构建基础之上的，因此根据定制产品的物质流、能量流和信号流进行定制产品功能分解，并按照模块单元多尺度规划重组方法进行模块划分，确定出个性化定制产品所包含的功能模块族及各个功能模块间的接口。对功能模块进行再次分类，可以得到核心模块（一个产品实现其功能的主要模块）、附属模块（按照一定的规则，从定制产品主结构的指定模块中选择的辅助模块）及选配模块（根据客户的需要进行选择添加的模块）。如图 5-3 所示，各个功能模块族包含若干能够行使相同功能但性能、成本、出货期等特征参数不同的模块实例。

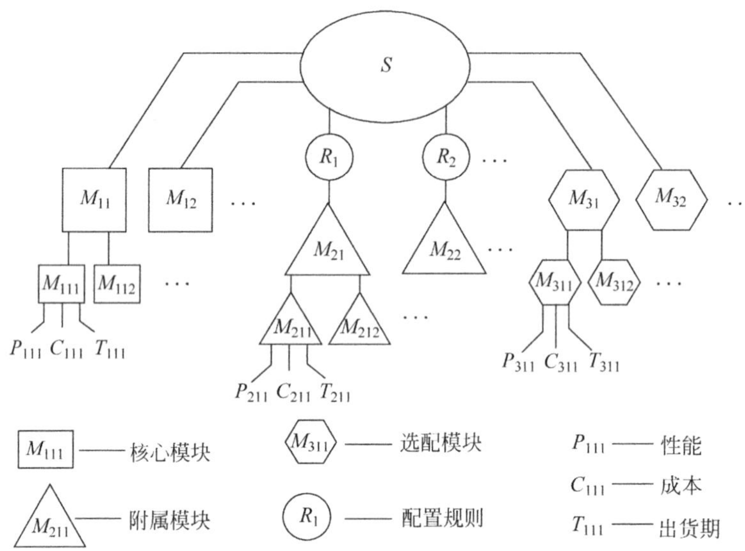

图 5-3 个性化定制产品模块实例

令构成个性化定制产品的模块总数为 S，则有

$$S = \sum_{j=1}^{M_1} N_{1j} + \sum_{j=1}^{M_2} N_{2j} + \sum_{j=1}^{M_3} N_{3j} \tag{5-1}$$

式中，M_i 为第 i 类功能模块（核心模块、附属模块、选配模块）的模块系列数；N_{ij} 为第 i 类功能模块的第 j 个模块系列的实例数。

定制产品的个性化配置过程可以描述为：在 M_1 个核心模块系列中各优选一个实例，在 M_2 个附属模块系列中各优选一个实例，在 M_3 个选配模块系列中优选 Z 个模块，在 Z 个模块中各选取一个实例。在最终配置出的产品中，包含核心模块 M_1 个、附属模块 M_2 个、选配模块 Z 个，则产品包含模块总数为

$$N = M_1 + M_2 + Z, \quad Z \leqslant M_3 \tag{5-2}$$

可以看出，对不同的模块实例进行组合会配置出不同性能、成本及出货期等特征参数的个性化定制产品，定制产品个性化配置优化所要解决的问题就是如何合理地选取模块族中的模块实例并对它们进行组合，配置出最能满足客户需求的个性化产品实例。因此，我们以影响企业订单的三个主要参数（产品性能、成本及出货期）为出发点，对个性化定制产品的性能、成本及出货期三方面进行多目标优化，求取满足不同客户需求的产品最佳个性化配置方案。图 5-4 所示为定制产品的多目标个性化配置优化过程模型。

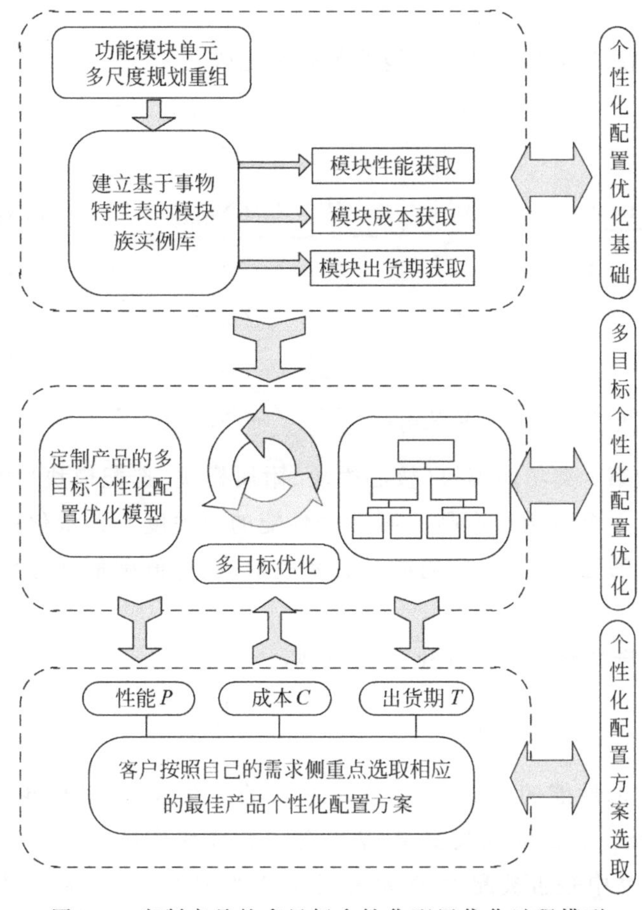

图 5-4　定制产品的多目标个性化配置优化过程模型

5.2 定制产品的个性化多目标配置寻优建模

在分析定制产品的个性化单元配置结构的基础上，考虑影响企业订单的三个主要参数(产品性能、成本及出货期)，对定制产品的性能、成本及出货期三方面进行多目标优化，兼顾价格、时间、配置和权值等多种约束，建立完整的满足不同客户需求定制产品的个性化多目标配置模型。

5.2.1 定制产品性能驱动的个性化配置寻优

产品的性能包括产品的功能和质量两个方面，功能是实现某种行为的能力，质量是指功能的程度，包括功率、安全性、时间连续性、环境等多个方面。令产品的性能矢量为 $\boldsymbol{P}=(P_1,P_2,\cdots,P_D)^{\mathrm{T}}$。其中 P_d 为产品的第 d 个性能，$d=1,2,\cdots,D$，D 为产品性能项总数，对应的权重矢量为 $\boldsymbol{W}_P=(w_1,w_2,\cdots,w_D)^{\mathrm{T}}$。

(1) 构建模块实例和产品性能的关联度矩阵

$$\boldsymbol{P}=\begin{pmatrix}\gamma_{111,1} & \gamma_{111,2} & \cdots & \gamma_{111,d} & \cdots & \gamma_{111,D}\\ \vdots & \vdots & & \vdots & & \vdots\\ \gamma_{1M_1N_{1M_1},1} & \gamma_{1M_1N_{1M_1},2} & \cdots & \gamma_{1M_1N_{1M_1},d} & \cdots & \gamma_{1M_1N_{1M_1},D}\\ \vdots & \vdots & & \vdots & & \vdots\\ \gamma_{ijk,1} & \gamma_{ijk,2} & \cdots & \gamma_{ijk,d} & \cdots & \gamma_{ijk,D}\\ \vdots & \vdots & & \vdots & & \vdots\\ \gamma_{3M_3N_{3M_3},1} & \gamma_{3M_3N_{3M_3},2} & \cdots & \gamma_{3M_3N_{3M_3},d} & \cdots & \gamma_{3M_3N_{3M_3},D}\end{pmatrix} \tag{5-3}$$

式中，$\gamma_{ijk,d}$ 为第 i 类功能模块(核心模块、附属模块、选配模块)的第 j 个核心模块系列的第 k 个实例和产品的第 d 个性能的相关度。其量化值可用模糊数学评价理论中的强、较强、中、弱或无关系表示，相对值衡量度分别为：9，7，4，1，0。

(2) 构建产品性能的个性化优化模型：

$$\max P_Z=\sum_{i=1}^{3}\sum_{j=1}^{M_i}\sum_{k=1}^{N_{ij}}\varepsilon_{ijk}\sum_{d=1}^{D}w_d\gamma_{ijk,d} \tag{5-4}$$

式中，P_Z 为产品性能的评价指数，表示产品的综合性能，其值越高，说明产品的性能越好；ε_{ijk} 为二元决策变量，表示第 i 类模块中的第 j 个模块系列的第 k 个实例在产品中是否被配置(0 为未配置，1 为配置)；w_d 为产品性能集的权重矢量。

5.2.2　定制产品成本驱动的个性化配置寻优

（1）构建模块实例的成本矩阵：

$$\boldsymbol{C}=(c_{111},\cdots,c_{1M_1N_{1M_1}},\cdots,c_{ijk},\cdots,c_{3M_3N_{3M_3}})^{\mathrm{T}} \tag{5-5}$$

式中，c_{ijk} 为第 i 种功能模块中第 j 个模块系列的第 k 个实例的成本。

（2）构建产品成本的优化重组模型：

$$\min C_{\mathrm{Z}}=\sum_{i=1}^{3}\sum_{j=1}^{M_i}\sum_{k=1}^{N_{ij}}\varepsilon_{ijk}c_{ijk}+C_{\mathrm{A}}\left(\sum_{i=1}^{3}\sum_{j=1}^{M_i}\sum_{k=1}^{N_{ij}}\varepsilon_{ijk}-1\right),\quad (1+\alpha)C_{\mathrm{Z}}\leqslant C_{\mathrm{MAX}} \tag{5-6}$$

式中，C_{Z} 为配置产品的总成本；C_{A} 为模块之间的平均装配成本；α 为企业利润率；C_{MAX} 为客户能承受的最高价格。

5.2.3　定制产品出货期驱动的个性化配置寻优

（1）构建模块实例的工期矩阵：

$$\boldsymbol{T}=(t_{111},\cdots,t_{1M_1N_{1M_1}},\cdots,t_{ijk},\cdots,t_{3M_3N_{3M_3}})^{\mathrm{T}} \tag{5-7}$$

式中，t_{ijk} 为第 i 类功能模块（$i=1,2,3$ 时分别为核心模块、附属模块和选配模块）的第 j 个核心模块系列的第 k 个实例的工期。

（2）构建产品出货期的优化重组模型：

$$\min T_{\mathrm{Z}}=\eta(x)\left[\sum_{i=1}^{3}\sum_{j=1}^{M_i}\sum_{k=1}^{N_{ij}}\varepsilon_{ijk}t_{ijk}+T_{\mathrm{A}}\left(\sum_{i=1}^{3}\sum_{j=1}^{M_i}\sum_{k=1}^{N_{ij}}\varepsilon_{ijk}-1\right)\right],\quad T_{\mathrm{Z}}\leqslant T_{\mathrm{MAX}} \tag{5-8}$$

式中，T_{Z} 为产品的出货期；$\eta(x)$ 为产品出货期和模块累计生产装配工期的函数关系；T_{A} 为模块之间的平均装配工期；T_{MAX} 为客户允许的产品最大出货期。

5.2.4　定制产品多目标配置寻优的约束条件

（1）价格约束：

$$(1+\alpha)C_{\mathrm{Z}}\leqslant C_{\mathrm{MAX}} \tag{5-9}$$

（2）时间约束：

$$T_{\mathrm{Z}}\leqslant T_{\mathrm{MAX}} \tag{5-10}$$

（3）配置约束：

$$M_1 = \sum_{j=1}^{M_1}\sum_{k=1}^{N_{1j}} \varepsilon_{1jk}, \quad M_2 = \sum_{j=1}^{M_2}\sum_{k=1}^{N_{2j}} \varepsilon_{2jk}, \quad M_3 \geqslant \sum_{j=1}^{M_3}\sum_{k=1}^{N_{3j}} \varepsilon_{3jk}$$

$$\sum_{k=1}^{N_{ij}} \varepsilon_{ijk} = 1(i = 1,2), \quad \sum_{k=1}^{N_{ij}} \varepsilon_{ijk} \leqslant 1(i = 3) \tag{5-11}$$

（4）权值约束：

$$\sum_{d=1}^{D} w_d = 1 \tag{5-12}$$

5.3 定制产品的个性化配置寻优求解

针对定制产品的个性化多目标配置寻优模型，采用 NSGA-Ⅱ算法对三者进行并行优化，获得一系列基于 Pareto 集的配置重组方案来满足不同客户对产品性能、成本及出货期的个性化要求，从而实现了产品的动态个性化设计模式，实现了定制产品的个性化配置寻优求解，为在概念设计阶段进行产品性能、成本与出货期的权衡提供了依据。

5.3.1 定制产品的个性化多目标配置寻优

对上述产品个性化配置优化模型的求解属于有约束多目标优化问题。其数学描述为

$$\begin{aligned}
&F(X) = [P_Z(\boldsymbol{X}), C_Z(\boldsymbol{X}), T_Z(\boldsymbol{X})] \\
&\text{s. t. } g_a(\boldsymbol{X}) \geqslant 0, a = 1,2,\cdots,m \\
&\text{s. t. } h_b(\boldsymbol{X}) = 0, b = 1,2,\cdots,n \\
&\boldsymbol{X} = (\varepsilon_{111}, \varepsilon_{112}, \cdots, \varepsilon_{ijk})
\end{aligned} \tag{5-13}$$

式中，$P_Z(\boldsymbol{X})$为极大化目标函数；$C_Z(\boldsymbol{X})$、$T_Z(\boldsymbol{X})$为极小化目标函数；$g_a(X)$为优化问题的不等式约束；$h_b(\boldsymbol{X})$为优化问题的等式约束；m 与 n 分别为不等式和等式约束的个数；ε_{ijk} 为二维决策变量(其值为 0 或 1)。

近年来，越来越多的多目标智能优化算法被提出，多目标进化算法（MOEA）、多目标基因算法（MOGA）、多目标粒子群优化算法（MOPSO）、多目标蚁群算法（MOACA）等多目标优化方法已被成功地应用于求解复杂的带有约束条件的多目标优化问题求解中。

在众多智能优化算法中，基于改进的非支配排序遗传算法（NSGA-Ⅱ）具

有运算速度快、稳健性强、鲁棒性好、解集分散等特点，已成功应用于许多工程优化设计问题。NSGA-Ⅱ算法使用 $O(MN^2)$复杂性的快速非支配排序机制(其中，M 为优化目标个数，N 为种群规模)、优势点保持方法和无外部参数的拥挤距离计算方法来求解多目标多约束问题的 Pareto 最优集，该方法对于组合优化等问题的求解，能得到比较理想的优化方案。因此，采用 NSGA-Ⅱ算法对上述定制产品的配置优化重组模型进行优化求解。NSGA-Ⅱ算法的优化求解流程如图 5-5 所示。

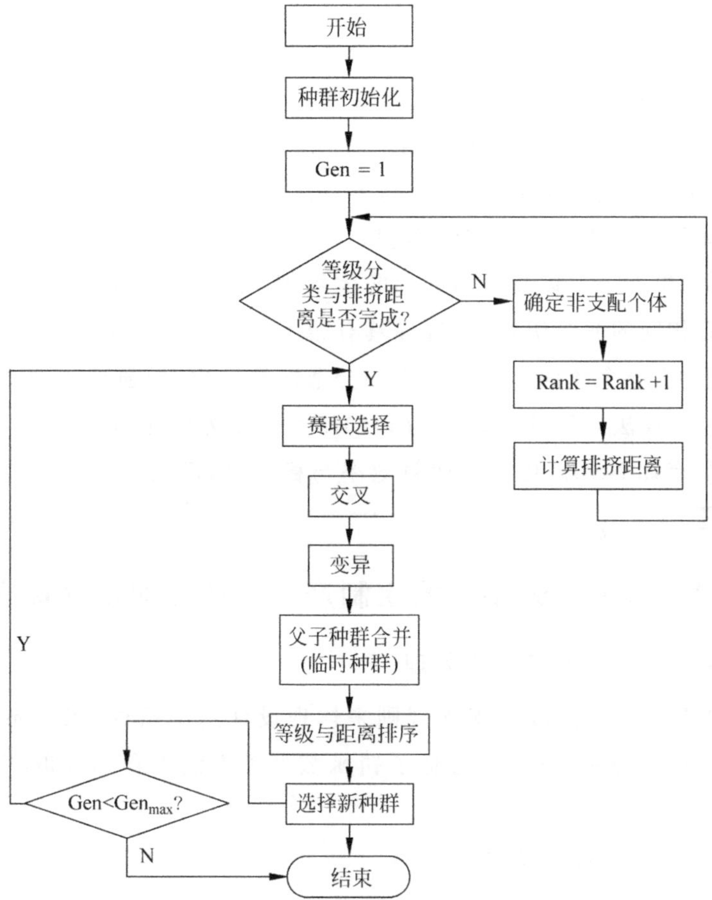

图 5-5　NSGA-II 算法的优化求解流程示意图

采用非支配排序遗传算法(non-dominated sorting genetic algorithm，NSGA)对多目标解群体进行逐层分类，每代种群配对之前先按解个体的支配关系进行排序，并引入基于决策向量空间的共享函数法。NSGA 在群体中采用共享机制来保持进化的多样性，共享机制采用一种可认为是退化的适应度值，其计算方法是将该个体的原始适应度值除以该个体周围包含的其他个体数目。NSGA算法的优化目标数目不限，且允许存在多个不同的Pareto最优解，但该算法的主要缺点是计算效率较低，计算复杂度为$O(MN^3)$（M为优化目标数量，N为种群大小），且算法收敛性对共享参数δ的取值较敏感，算法的稳定性较差。

Deb等在2002年对原始的NSGA进行改进，提出了改进型非支配排序遗传算法（non-dominated sorting genetic algorithm Ⅱ，NSGA-Ⅱ），基于快速非支配排序、优势点保持和无外部参数的拥挤距离计算求解多目标优化问题的Pareto最优集。密度估计算子用于估计某个个体周围所处的群体密度，方法是计算两个解点之间的距离远近程度。拥挤距离比较算子是为了形成均匀分布的Pareto前沿，这与原始NSGA中共享机制的效果类似，但不再采用小生境参数，提高了算法的鲁棒性。拥挤比较算子需要计算每个个体的非劣级别和拥挤距离值，产生非支配排序结果。拥挤距离排序结果表明，如果两个个体具有不同的非劣级别，则选择级别低的个体；如果两个个体具有相同的非劣级别，则选择具有较大矩形体的个体，因为该个体的邻居距其较远，引导个体向Pareto前沿中分散区域进化，增强算法的全局寻优能力。NSGA-II算法的计算复杂度为$O(MN^2)$（M为优化目标数量，N为种群大小），它具有比NSGA更高的运算效率与稳定性，已成功应用于许多工程优化设计问题。

小生镜

5.3.2 基于NSGA-II的定制产品个性化配置寻优实现

1. NSGA-II中约束条件的处理

NSGA-II算法通过改变支配规则来体现设计约束条件，采用不可行度来衡量每个解违反约束的程度，避免了罚函数处理方法中罚系数取值的不稳定因素。

定义解x_i的不可行度为

$$\delta(x_i) = \sum_{k=1}^{m}\{\min[0, g_k(x_i)]\}^2 + \sum_{j=1}^{p}[h_j(x_i)]^2 \tag{5-14}$$

定义不可行度阈值为

$$\varepsilon = \frac{1}{\tau}\frac{\sum_{i=1}^{N} g(x_i)}{N} \tag{5-15}$$

式中，N为群体大小；τ为可变惩罚因子。

在进化过程中，根据每一个候选解的不可行度与阈值的比较来决定这个解是否被接受。被接受的可行解进入下一代遗传算法操作，而被拒绝的解由当前代中不可行度最小的解等量取代。

2. NSGA-II 中适应度的计算

Pareto 遗传算法是根据点的适应度值来判断其位置的好坏。NSGA-II 算法采用不受支配机制进行排序，首先按照个体的可支配性进行等级分类，然后计算目标空间上的每一点与同等级相邻两点之间的排挤距离，最后根据个体等级和排挤距离计算个体的适应度值，且不再采用小生境参数，提高了算法的鲁棒性，能够形成均匀分布的 Pareto 前沿。

3. NSGA-II 中的最优保留策略

设初始种群包括 N 个个体，在变量范围内随机取值。依据优化目标与约束条件进行种群排序并计算排挤距离，然后通过联赛选择、交叉与变异生成中间种群。中间种群与父代种群合并成规模为 $2N$ 的临时群体，再按其适应度(等级高低和排挤距离)对临时群体进行排序，如果两个个体具有不一样的非劣级别，则级别低的个体被保留；如果两个个体具有一样的非劣级别，则具有较大排挤距离的个体被保留，因为该个体距邻近个体较远，能够引导个体向 Pareto 前沿中种群密度低的分散区域进化，增强了算法的全局寻优能力。最后，通过排序优选 N 个个体组成新一代种群，完成一次进化运算。

第6章

基于基因模型的产品结构适应性变异设计技术

在全球化市场竞争环境下，企业需要以更好的多样性、更短的交货期和更低的成本提供满足市场需求的系列产品，大批量定制的产品结构适应性变异设计技术就是满足这种市场需求的一种有效的实现策略。适应性设计可以促使企业在保证产品质量和控制生产成本基础上通过调整现有的设计，从而快速开发新的和升级的结构模块或定制产品，从而防止产品过早淘汰。面向结构的产品适应性设计是在大批量定制产品的设计过程中，从产品结构实现层面进行设计开发，以保证产品的最佳适应生存力及企业利益最大化。同时，随着现代制造业的高速发展，大批量定制产品的复杂性日益增加，产品结构规模庞大、部件众多、加工工艺复杂、制造周期长、可靠性要求高，并且其服役的工况环境趋于极端化，因此其设计过程呈现多学科领域耦合、系统间交互关联、功能结构动态映射等特点，难以通过简单的静态设计手段得到有效的设计方案。而且，现代大批量定制产品应用领域广泛，服役工况环境多样，如高温、潮湿、低压、盐雾、辐射等都会对装备性能造成各种各样的影响。在大批量定制的产品结构设计过程中考虑各种工况环境的影响，如何在满足基本强度、刚度和精度要求的前提下获得高适应性的大批量定制产品结构设计方案，目前的理论和方法对这一问题的研究有待深入。研究工况环境对大批量定制产品性能影响的本质，建立一套能够有效解决其面临各种工况环境影响的大批量定制产品结构适应性设计方法，对提高大批量定制产品的设计效率和技术性能具有重要的工程意义。因此，针对大批量定制产品在复杂工况环境下运行的适应性问题，提出了大批量定制产品结构适应性变异设计技术，构建了基于时序历程事件、生产环境因子、自然环境因子等多元因素的定制产品环境剖面基因模型，根据定制产品环境剖面基因模型，运用主链基因的缺失、新增、重组和分支链基因的缺失、新增等5种基因变异策略对其进行定制产品环境剖面差序基因模型运算，以设计波动量最小为评价标准选取设计母版，以母版结构为基础，结合产品/零件的环境-功能-载体设计方案知识库对其结构进行适应性变异设计，使新产品更有效地适应运行工况。

6.1　定制产品复杂运行工况的环境剖面表达

结构设计是设计过程中最为基础的环节，是将工作原理具体化，实现机构物化的过程。复杂装备的结构设计是一个非常复杂的过程，它需要集合多种学科与领域的知识和丰富的实践经验，通过对结构知识的综合分析和利用，才能获得合理的设计方案。传统的产品结构设计是根据产品功能需求而进行的内部结构设计工作，而由于大批量定制产品在运行过程中所面临的环境条件(包括气候环境、生物化学环境、机械环境及电磁场环境等)、使用条件(包括工作持续时间、工作周期、负载能力等)、维护环境和操作环境等极为复杂，且处于动态变化过程中，对产品的技术性能和可靠性产生巨大影响，如果在大批量定制产品的设计过程中不考虑装备运行环境中的工况波动特性，可靠性就不能很好地得到保证。如果装备可靠性不足，其技术性能再好，也难以发挥作用，甚至会产生灾难性后果。

环境剖面就是产品在生命周期过程中遍历的所有环境，即产品生命期内的每一个具体事件都对应着相应的环境因子，将这一系列具体事件所对应的各种环境因子的类型和参数按事件的时序进行集合(或综合)便构成了产品的环境剖面。环境剖面是对产品进行适应性设计的依据，从环境剖面影响产品性能层面的角度，将工况因子分为自然环境因子和生产环境因子两个方面，如图 6-1 所示。

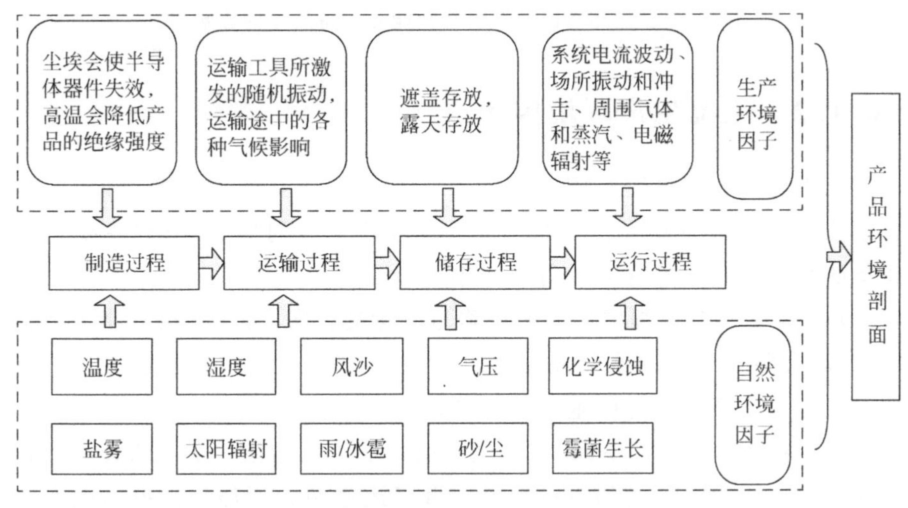

图 6-1　定制产品环境剖面的构成示意图

6.1.1 工况自然环境因子

自然环境因子是指某地域作为复杂装备使用场所之前已有的各种环境因子的总和，其种类繁多，但对复杂装备性能影响较大的主要包括温度、湿度、风沙、气压、盐雾、辐射以及存在于其附近的其他环境因子，且各环境因子之间是相互影响和相互制约的。

图 6-2 所示为几种主要的自然环境因子对材料性能和装备质量的综合影响。

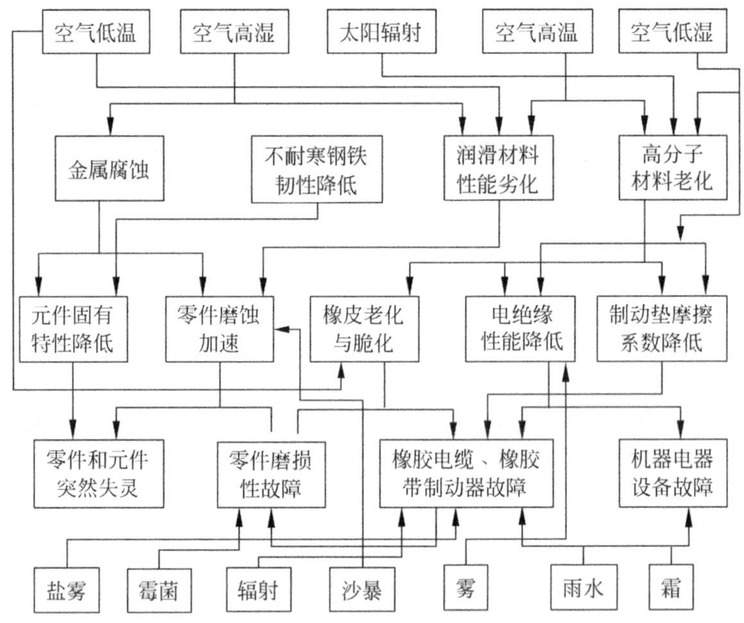

图 6-2 自然环境因子对材料性能和装备质量的影响图

6.1.2 工况生产环境因子

生产环境因子描述生产场地内由于生产活动交互作用而产生的，影响复杂装备性能的所有环境因子。从产品所经历的生命周期来看，其主要包括复杂装备的制造、运输、储存和运行过程中所经受的环境因子。

（1）在装备制造过程中形成的缺陷是故障的根源，如尘埃会使半导体器件失效，高温会降低产品的绝缘强度等，因此控制生产环境，对制造工艺进行适应性设计是保证产品质量的重要技术措施。

（2）在装备运输过程中，其主要受到由运输工具所激发的随机振动和运输途中的各种气候影响。例如飞机运输和海路运输两者所经历的振动频率和能量是不一样的：飞机是高频振动，而海运是低频振动；飞机还会有低气压、温度冲击和干湿的环境，而海运则是高温高湿的环境。

（3）装备储存一般分为遮盖存放和露天存放。其环境因子主要指气候、生物和化学因子影响。

（4）在装备运行过程中，所处的环境是最重要的环境因子。一般总是多个环境因子同时长时间地作用于装备上，如提供装备动力的电流波动、装备所在场所的振动和冲击、围绕装备的气体和蒸汽以及电磁辐射等环境因子。

生产环境因子的内容主要包括随机振动、电应力、正弦振动（定频/扫频）、机械冲击、加速度、跌落高度、碰撞冲击、电压脉冲、载荷冲击、电化腐蚀等。

6.1.3　定制产品复杂运行工况的环境剖面描述

图 6-3 所示为定制产品寿命周期环境剖面描述流程方法，时序历程时间的自然环境因子和生产环境因子影响下的装备环境剖面是一个动态的过程，一旦装备的某些环境条件有了新的变化和波动，应立即对其进行修订和更正，以便完全符合装备的真实应力过程。装备应从设计阶段开始，根据使用范围、使用平台以及各个过程中的实际情况，对环境剖面具体内容进行详细和准确地描述，分析其可能遇到的自然环境因子和生产环境因子对装备性能造成的影响，并在功能设计过程中以此工况为驱动因素对其进行适应性设计。

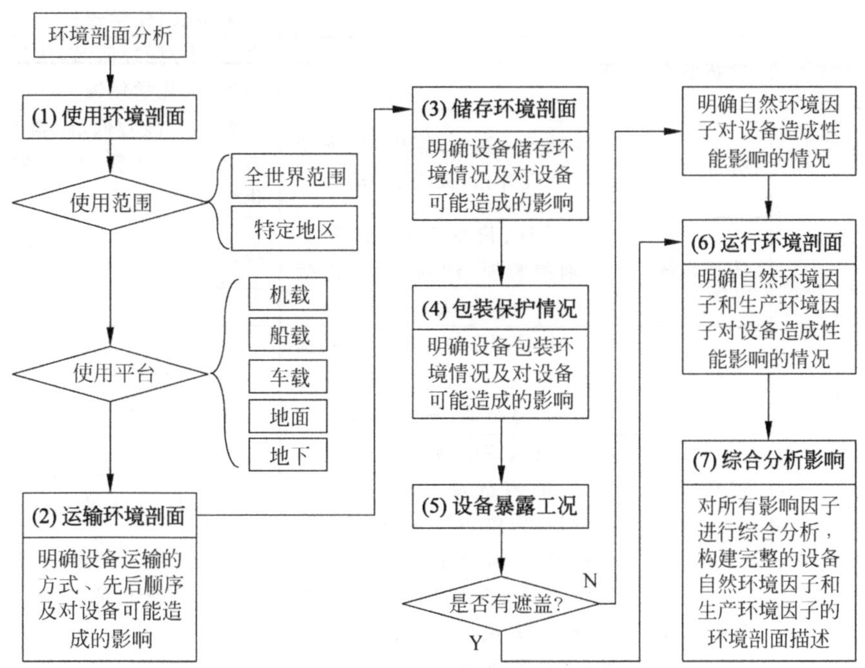

图 6-3　定制产品寿命周期环境剖面描述流程图

表 6-1 示出了定制的复杂锻压装备的各阶段历程及其对应的生产环境因子和自然环境因子。复杂装备出厂后需要经过运输到达预定的工作场所，其过程分为公路运输、铁路运输、航空运输和船舶运输，由于其方式不同而经历不同的环境因子的影响；在运输到达生产地之后对其储存，由于储存场所不同，其所受自然环境的影响不同；其核心生命阶段是装备的运行阶段，根据液压机的系统组成和功能不同，将其分为动力系统、传动系统、执行系统、控制系统、支撑系统和辅助系统，各系统所经受的环境影响也各有不同。

表 6-1　某液压机的环境剖面描述

过程阶段	过程内容	自然环境因子	生产环境因子
运输阶段	公路运输	公路冲击（突起/坑洼）、公路振动、装卸冲击（跌落/倾倒）	高温（干/湿）、低温、雨/冰雹/砂/尘
	铁路运输	铁路冲击（启动急移）、铁路振动、装卸冲击（跌落/倾倒）	高温（干/湿）、低温、雨/冰雹/砂/尘
	航空运输	飞行振动（发动机/涡轮）、着陆冲击、装卸冲击（跌落/倾倒）	低压
	船舶运输	水浪诱发的振动、水浪正弦冲击、装卸冲击（跌落/倾倒）	高温（干/湿）/低温、雨/短时浸泡/盐雾
储存阶段	敞开储存	无	高温（干/湿）/低温、雨/冰雹、砂/尘、盐雾、太阳辐射、霉菌生长、化学侵蚀
	遮蔽储存	无	高温（干/湿）/低温、盐雾、霉菌生长、化学侵蚀
运行阶段	动力系统	电流波动（漏电/停电/频率变化）、燃气冲击/高温、振动	高温（干/湿）/低温、温度冲击、砂/尘、盐雾、霉菌生长、化学侵蚀
	传动系统	润滑不良、齿面磨损、齿间隙大、轴颈磨损、油封损坏、连接件冲击、负荷过大	高温（干/湿）、低温、温度冲击、砂/尘
	执行系统	机床冲刀、压力冲击、噪声扰动、共振喘振、速度冲击、锻压冲击、高温杂屑、扭矩过载	高温（干/湿）、低温、温度冲击、砂/尘
	控制系统	通信干扰、传感器失效、线接触不良、电磁扰动、漏电耦合干扰、PLC 失效、程序失常	高温（干/湿）、低温、温度冲击、砂/尘、化学侵蚀
	支撑系统	机械振动、碰撞冲击、载荷压力	高温（干/湿）、低温、砂/尘
	辅助系统	管路老化、润滑失效、冷却不足、阀门失灵、机械振动、碰撞冲击、载荷压力	高温（干/湿）、低温、温度冲击、砂/尘、盐雾、霉菌生长、化学侵蚀

6.2　定制产品复杂运行工况的环境剖面基因模型构建

针对大批量定制产品在复杂工况环境下运行的适应性问题，基于时序历程事件、生产环境因子、自然环境因子等多元因素，建立运行工况驱动的定制产品复杂运行工况的环境剖面基因模型。根据环境剖面基因模型，运用主链基因的缺失、新增、重组和分支链基因的缺失、新增等 5 种基因变异策略对其进行产品环境剖面差序基因模型运算。

6.2.1　复杂运行工况的环境剖面基因模型表示

由上文分析可知，时序历程事件 T、生产环境因子 M 和自然环境因子 N 是组成环境剖面 P 的三个主要元素，即 $P=(T,M,N)$。

时序历程事件 T 包含多个过程元素，可表示为

$$T = \{t_i \mid i = 1,2,\cdots,k\} \tag{6-1}$$

式中，事件 t_i 所对应的生产环境因子 M_i 可表示为

$$M_i = \{m_{ij} \mid j = 1,2,\cdots,m\} \tag{6-2}$$

同时，事件 t_i 所对应的自然环境因子 N_i 可表示为

$$N_i = \{n_{il} \mid l = 1,2,\cdots,n\} \tag{6-3}$$

生产环境因子和自然环境因子按产品经历的事件不同而构成相对独立的基因序列，同时作用于产品，造成其性能的波动。历程事件基因是环境剖面基因模型的核心骨架，构成主基因链，按时序对其进行排列连接，且其为单行基因序列；生产环境基因和自然环境基因构成环境剖面基因模型的枝叶结构，形成分支基因链，分别位列历程事件基因序列两侧，对应历程事件基因形成独立基因序列，由于其基因作用关系平等，因此对其采取随机排列连接方式。

基于某液压装备的环境剖面描述，构建如图 6-4 所示的基因模型。

6.2.2　复杂运行工况的环境剖面基因变异策略

环境剖面基因模型变异是通过对模型内基因的保留或突变来实现的，环境剖面基因模型由主基因链和分支基因链构成，其突变形式不尽相同。构成主基因链的历程事件基因的突变形式包括缺失、新增和重组，其中对应的分支基因链随其突变而变化；构成分支基因链的生产环境基因和自然环境基因的突变形式包括缺失和新增，其对主基因链不产生影响。

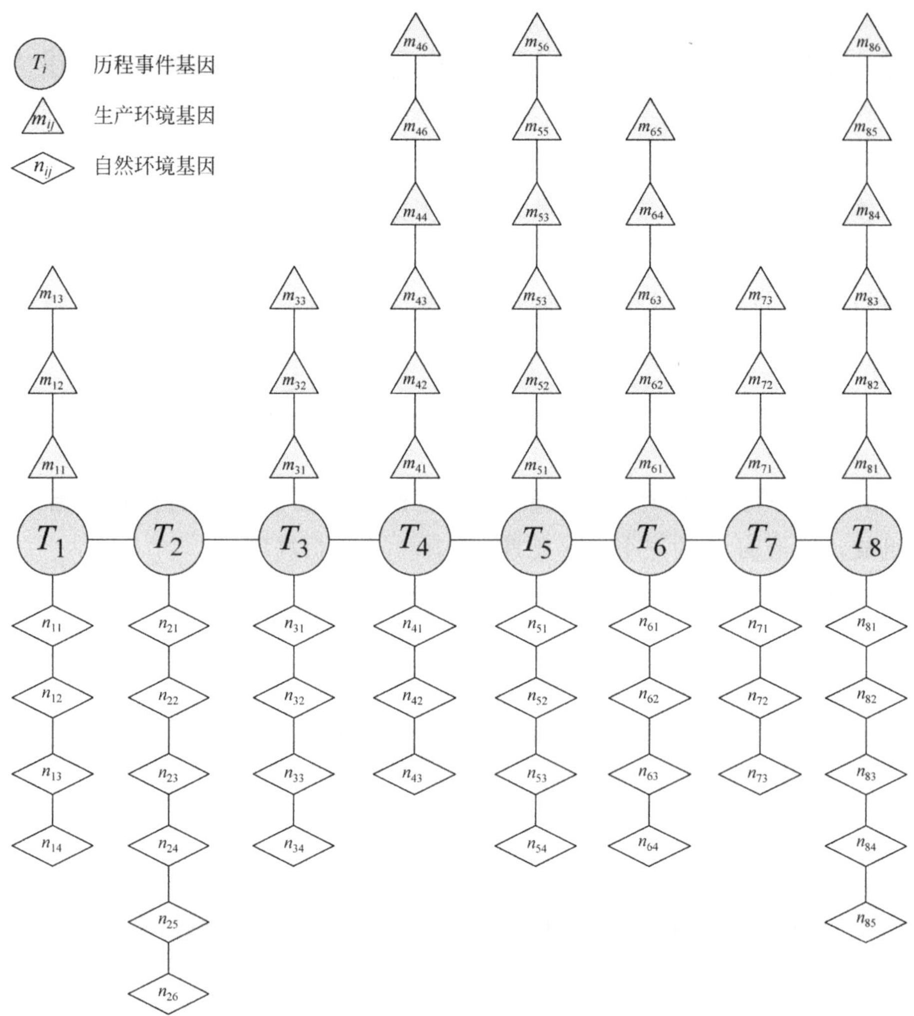

图 6-4　某液压装备的环境剖面基因模型

（1）主基因链缺失：产品在不同的运行环境中所经历的事件不同，在原始产品中经历的事件在新产品中不再经历，即属于事件缺失型的主基因链突变。如图 6-5 所示，历程事件基因 T_4 缺失，与 T_4 对应的生产环境基因和自然环境基因跟随缺失，形成新的产品环境剖面基因模型。

（2）主基因链新增。由于产品是在满足客户实际需求的基础上进行适应性设计的，相较于原产品新增的某历程事件需要按时序对其进行剖面基因模型构建，即属于事件新增型的主基因链突变。如图 6-6 所示，历程事件基因 T_7 为新增基因，与 T_7 对应的生产环境基因和自然环境基因跟随增加，形成新的产品环境剖面基因模型。

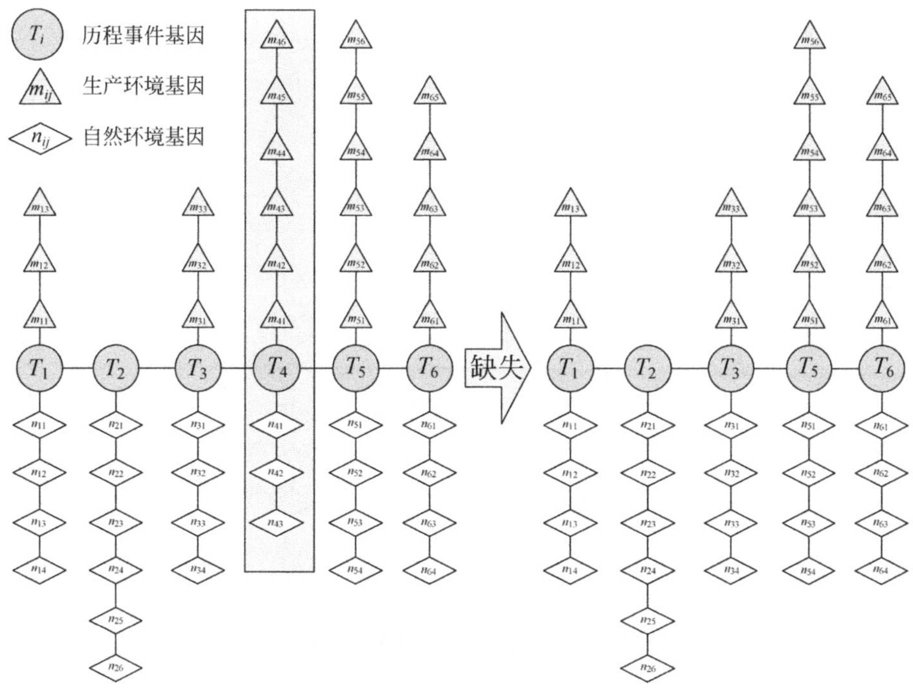

图 6-5　主基因链 T_4 基因缺失模型

(3) 主基因链重组。产品所经历事件的时序前后关系会对产品性能产生一定的影响，在不同的客户需求和运行环境下，其历程事件基因的排序也会有所不同。对其进行重新排列和重组，即属于事件重组的主基因链突变。如图 6-7 所示，历程事件基因 T_5 和 T_6 的序列重组，与 T_5 或 T_6 对应的生产环境基因和自然环境基因跟随重组，形成新的产品环境剖面基因模型。

(4) 分支基因链缺失。由于产品在某历程事件中的生产环境和自然环境不尽相同，在原始环境剖面中存在的生产环境基因或自然环境基因不再存在，即属于基因缺失型的分支基因链突变。如图 6-8 所示，历程事件基因 T_2 的自然环境基因 n_{22}、n_{23}、n_{24} 缺失，T_3 的生产环境基因 m_{32}、m_{33} 缺失，形成新的产品环境剖面基因模型。

(5) 分支基因链新增。由于生产环境和自然环境的变化，相较于原环境剖面某历程事件基因新增加了某些生产环境基因和自然环境基因，即属于基因新增型的分支基因链突变。如图 6-9 所示，历程事件基因 T_2 新增了生产环境基因 m_{21}、m_{22}，T_4 新增了自然环境基因 n_{44}、n_{45}，形成新的产品环境剖面基因模型。

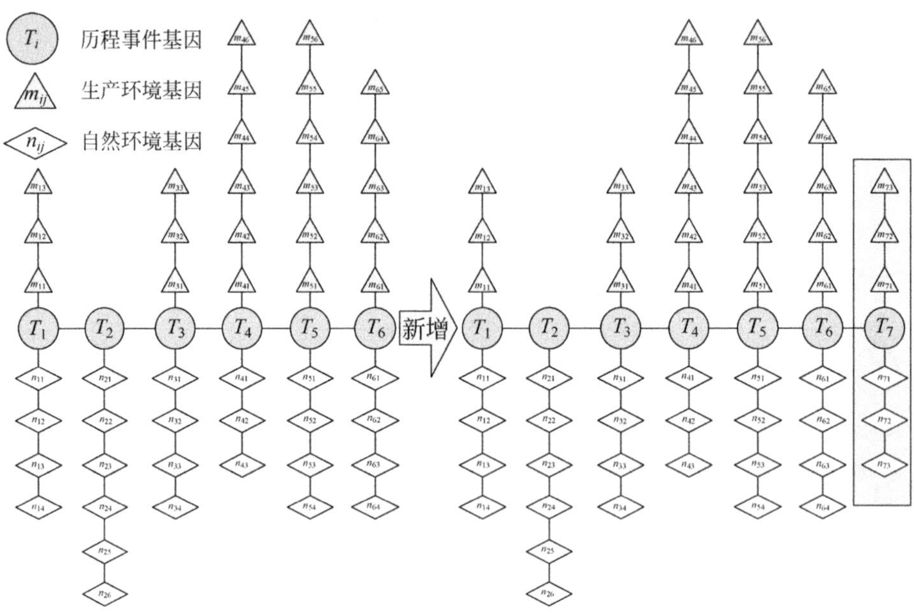

图 6-6　主基因链 T_7 基因新增模型

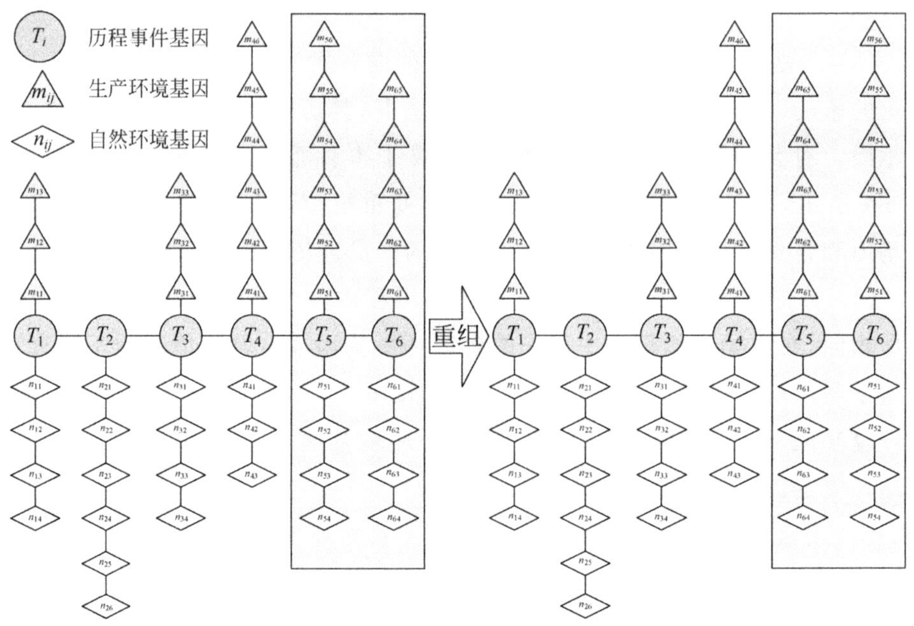

图 6-7　主基因链 T_5 基因和 T_6 基因重组模型

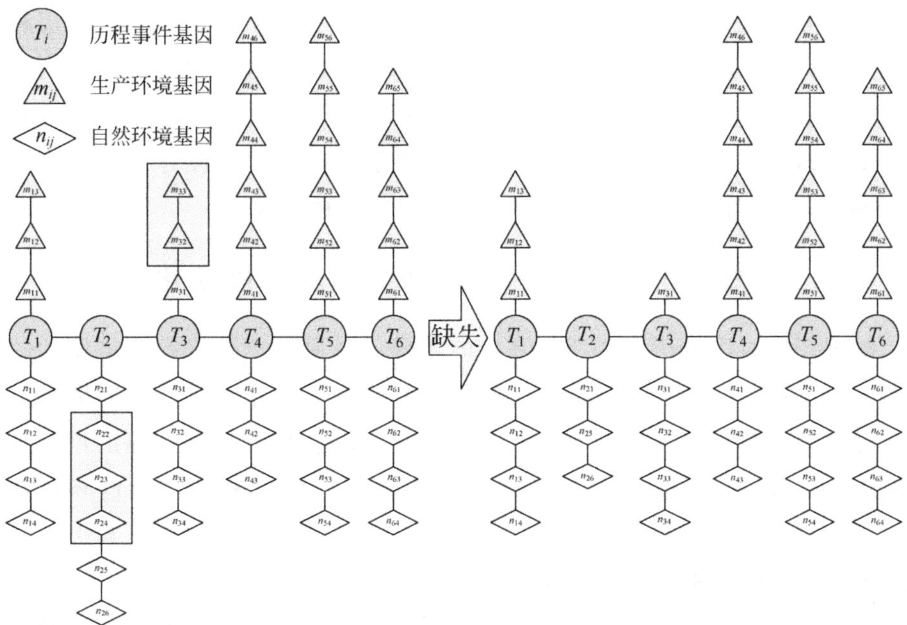

图 6-8　分支基因链基因缺失模型

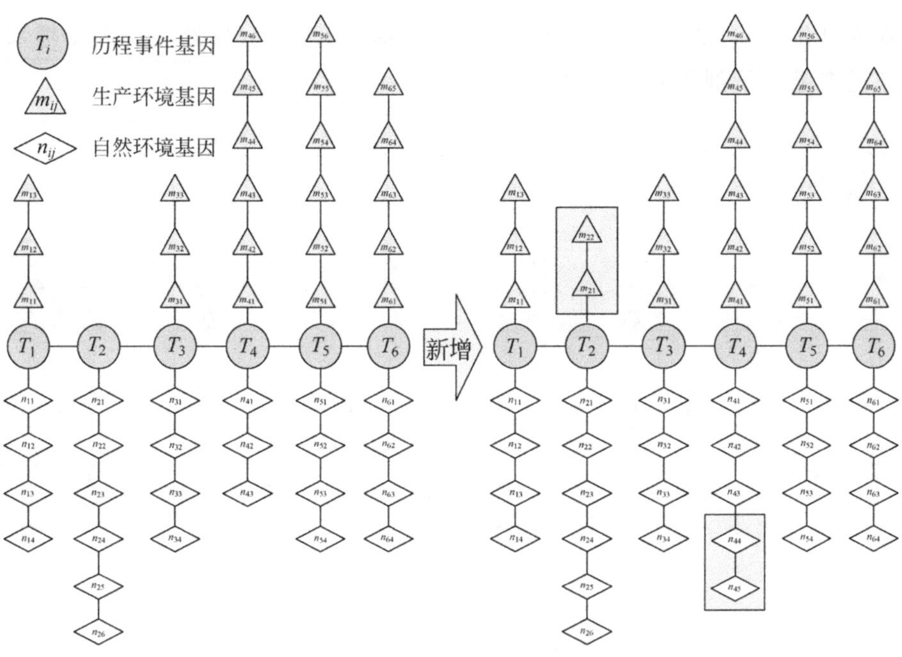

图 6-9　分支基因链基因新增模型

以上为5种基本环境剖面基因模型变异形式和基因结构，产品适应性设计的基因模型是在原始参考产品的环境剖面基因模型上根据具体时序历程任务、生产环境因子和自然环境因子的变化而进行重新组合和变异得到的。由于产品运行状态和环境条件的复杂性，在具体的产品运行环境中，以上5种变异形式呈现交叉或组合，在共同作用下形成了产品适应性设计的新环境剖面基因模型，其变异表达为 $\boldsymbol{P}\rightarrow\boldsymbol{P}'$，其中 $\boldsymbol{P}'=(\boldsymbol{T}' \quad \boldsymbol{M}' \quad \boldsymbol{N}')$。

6.2.3 复杂运行工况的环境剖面差序基因演化

根据产品时序经历事件所处环境的差异而对原始产品进行环境驱动的适应性设计，在满足产品性能要求的情况下实现快速设计响应。在环境剖面基因模型变异过程中主要有新增、缺失和重组三种变化形式，在产品的原始环境剖面基因模型 $\boldsymbol{P}$ 和变异环境剖面基因模型 $\boldsymbol{P}'$ 的基础上构建产品的环境剖面差序基因模型 $\Delta\boldsymbol{P}$，表达为 $\Delta\boldsymbol{P}=(\boldsymbol{P}\cup\boldsymbol{P}')-(\boldsymbol{P}\cap\boldsymbol{P}')$，其中新增的基因用⊕标识，缺失的基因用 Θ 标识，重组的基因用⊗标识。

图6-10所示为产品环境剖面基因变异模型，历程事件基因 T_2 新增了生产环境基因 m_{21}、m_{22}，缺失了自然环境基因 n_{22}、n_{23}、n_{24}，T_3 的生产环境基因 m_{32}、m_{33} 缺失，T_4 新增了自然环境基因 n_{44}、n_{45}，T_5 和 T_6 的序列重组，T_8 事件随同其生产、自然环境因子缺失，T_7 事件随同其生产、自然环境因子增加形成新的产品环境剖面基因模型。

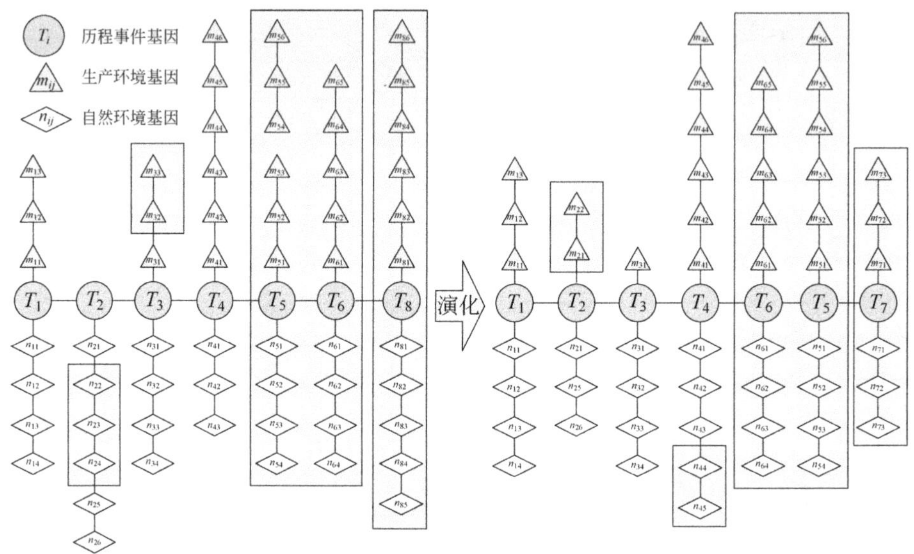

图6-10　产品环境剖面基因变异模型

图 6-11 为图 6-10 所示产品环境剖面基因模型变异后的差序基因模型，根据时序历程事件 T_2、T_3、T_4 相对应的生产、自然环境因子的不同，T_5、T_6 时序的改变，T_7 事件增加，T_8 事件缺失，对其进行差序模型构建。其中由于示例中 T_5、T_6 所处生产、自然环境因子均相同，在差序基因模型中只考虑事件的时序重组，而如果其生产或自然环境因子变化，则其处理方式与其他分支基因链相同。

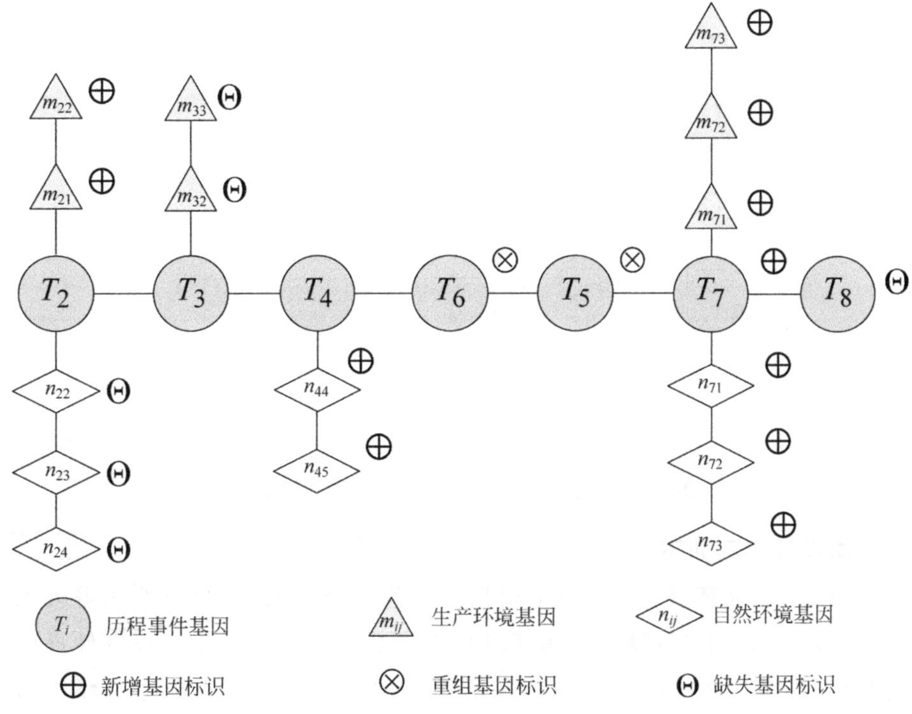

图 6-11　产品环境剖面差序基因模型

6.3　复杂定制产品结构适应性变异设计流程实现

在定制产品复杂运行工况的环境剖面基因模型构建的基础上，以设计波动量最小为评价标准选取设计母版，以母版结构为基础，结合产品或零件的环境-功能-载体设计方案知识库对其结构进行适应性变异设计，使新产品更有效地适应运行工况。大批量定制产品的结构适应性变异设计流程如图 6-12 所示。

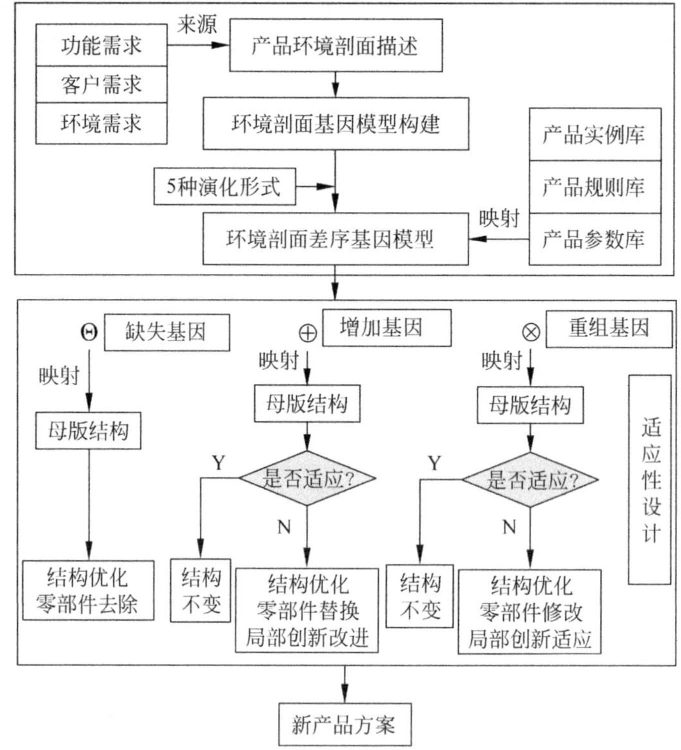

图 6-12　定制产品结构适应性变异设计流程

具体设计过程如下。

步骤 1　产品环境剖面描述：根据产品的功能需求、客户个性化需求和产品运行环境需求(生产环境、自然环境)，对产品寿命期的时序历程事件进行预测，同时归纳和描述历程事件中产品所面临的自然环境因子和生产环境因子等信息，如图 6-12 所示进行产品环境剖面描述。

步骤 2　环境剖面基因模型构建：以产品环境剖面描述为基础，将历程事件按时序排列成主基因链 T，将生产环境因子和自然环境因子分别排列在对应主基因链上下两侧，构成分支基因链 M/N，如图 6-12 所示构建产品的环境剖面基因模型。

步骤 3　环境剖面差序基因模型：差序基因模型是选出的与新产品环境剖面具有相近适应性产品的计算模型。主链基因变异对产品结构设计产生的影响较大，针对事件变化对产品性能的影响，设计者可以控制部分设计参数以满足环境变化，同时又有部分不可控随机变化的参数。

对其建立数学模型，设历程事件 t_i 对产品设计的影响函数为 f_i，该函数由可控参数 X 和不可控参数 Z 组成，即其设计影响目标函数为 $f_i(X,Z)$。主链基因变异包含增加、缺失和重组三种形式，分别对其进行分析：在增加变异中，其主要由不可控参数 Z 组成，而可控参数 $X=0$，其影响函数为 $f_{\oplus}(0,Z)$；缺失变异中，其影响可控，即主要由 X 构成，不可控参数 $Z=0$，其影响函数为 $f_{\Theta}(X,0)$；重组变异或主基因链不变而仅分支基因变化，则其可控参数 X 的波动量为 ΔX，而不可控参数 Z 的波动量为 ΔZ，其影响函数为 $f_{\otimes}(\Delta X,\Delta Z)$，其中，主基因链不变时 $\Delta X=0$，其影响函数为 $f_{\otimes}(0,\Delta Z)$。分支基因链作用于产品的历程事件，其作用是表述事件对设计的影响程度，即任一分支基因链因子 m_{ij} 或 n_{il} 对应一个影响系数 θ_{ik}，共同作用于函数 $f_i(X,Z)$，形成历程事件 t_i 的综合设计波动函数：

$$\Delta f_i = f_i(X,Z)\sum_{k=1}^{q_i}\theta_{ik} \tag{6-4}$$

式中，$0\leqslant\theta_{ik}\leqslant 1$；$0<f_i(X,Z)\leqslant 10$；$q_i$ 为差序基因序列事件 t_i 对应分支基因链中生产环境因子和自然环境因子的数量之和。

对所有事件的综合波动函数进行叠加，即得到差序基因模型的事件总设计波动函数：

$$\Delta F = \sum_{i=1}^{p}\left(f_i(X,Z)\sum_{k=1}^{q_i}\theta_{ik}\right) \tag{6-5}$$

式中，p 为差序基因序列主基因链中历程事件因子的数量。

对图 6-11 进行设计波动函数计算：

$$\Delta F = f_2(0,\Delta Z_2)\sum_{k=1}^{5}\theta_{2k} + f_3(0,\Delta Z_3)\sum_{k=1}^{2}\theta_{3k} + f_4(0,\Delta Z_4)\sum_{k=1}^{2}\theta_{4k} + f_5(\Delta X_5,\Delta Z_5) + f_6(\Delta X_6,\Delta Z_6) + f_7(0,Z_7)\sum_{k=1}^{6}\theta_{7k} + f_8(X_8,0) \tag{6-6}$$

然后对 ΔF 进行综合比较，得出波动最小即 $\min\Delta F$ 的产品方案，即选取其产品结构作为适应性设计母版。

步骤 4　结构适应性变异设计：以母版结构为基础，按照环境剖面差序基因模型中的三种基因变化形式分别进行适应性设计：①通过产品设计参数和结构规则等设计信息的映射关系，得到缺失基因 Θ 在母版结构中所对应的功能部件组成，如果是单一功能构件，则去除该部件，如果是多功能构件，则对其进行结构优化，将缺失基因所对应的功能作为非关键功能处理；②对增加基因$\oplus$所对应的需求功能进行分析，如果母版结构已适应增加基因的功能需求，则结构保持不变，如果不能适应，则应针对新增的需求功能对产品进行结构优化、部件增加/替换或是局部创新改进，以实现对增加基因的适应性；③由于重组基因⊗是母版结构中已经包含的功能内容，只是事件的时序或所属的分支基因链有变化，则首先对母版结构进行适应性测试，如果适应重组变化，则结构不变，如果不适应，则需要针对其变化进行结构优化、部件增加/替换或是局部创新改进，以实现对重组基因的适应性。以上的流程方法对于主基因链和分支基因链均适用。

假设对母版进行局部结构变化和部件优选时，新结构中关联的部件数量为 α。质量和成本是对结构进行优选的最重要标准，用 $Q(\varepsilon)$ 和 $C(\varepsilon)$ 分别表示部件 ε 的质量和成本。由于在产品质量控制方面，各部件对系统的整体质量可靠性的贡献程度不同，所以设部件 ε 的可靠性权重为 φ_ε，φ_ε 的取值由质量功能展开法确定。以产品可靠性函数 Q 最大化和成本函数 C 最小化为目标，结合产品功能物理结构，构建多目标模型如下：

$$\max Q^* = \sum_{\varepsilon=1}^{\alpha} Q(\varepsilon)\varphi_\varepsilon \tag{6-7}$$

$$\min C^* = \sum_{\varepsilon=1}^{\alpha} C(\varepsilon) \tag{6-8}$$

$$\text{s. t.} \sum_{\varepsilon=1}^{\alpha} \varphi_\varepsilon = 1, \quad 1 \leqslant \varepsilon \leqslant \alpha$$

式中，Q^* 表示新结构的总质量；C^* 表示新结构的总成本。

步骤 5 新产品方案：在母版结构基础上针对环境剖面差序基因进行适应性设计，然后对其总体结构进行调整和优化，得到适应新的环境剖面的新产品方案，从而指导生产加工。

第7章

基于分布联盟的产品数据协同变更管理技术

为适应大批量定制的需要，应快速发展与之对应的产品数据协同变更管理技术，集成设计流程并进行协同管理，以实现快速客户定制、产品成组及合理分类、缩短设计和生产的周期及减少其成本等需求。因此，本章提出基于分布联盟的产品数据协同变更管理技术，建立了大批量定制的协同设计项目变更流程管理模型，分析了大批量定制项目变更的处理过程与当前分布式企业联盟的工程变更管理的不足，构建了大批量定制企业联盟的协同设计项目管理框架，并在此基础上设计了大批量定制企业联盟工程变更集成模型，结合分布式产品数据管理定义了工程变更在物料清单（bill of material，BOM）、项目管理、工作流管理中的相关信息，形式化描述了大批量定制分散式资源的集成和企业间流程的集成过程，实现了大批量定制资源优化的工作流集成和对冲突资源集的检测，并通过重组变更流程实现了大批量定制工程变更处理的高效性。

BOM

7.1 产品企业联盟协同设计项目管理

大批量定制企业联盟的协同设计项目管理是分布式的协同设计管理过程，传统项目管理模型不能适应大批量定制分布式协同设计，主要表现在：资源冲突不能很好解决；不能对变更的大批量定制实际项目进行重新规划；资源之间的约束关系很难表达；组织管理过于简单等。异地协同设计中的项目管理适应基于协同设计的大批量定制复杂产品并行开发的要求，具有对大批量定制信息的交互/共享、任务的变化/冲突等问题进行协调、组织和控制的功能。

大批量定制企业联盟的协同设计项目管理是分层次的，如图 7-1 中的项目管理示意图所示。此外，大批量定制协同设计项目管理还包括对协同设计环境的管理、协同设计流程的管理、协同产品定义数据的管理、过程仿真的管理、冲突检测消解过程等。而且大批量定制企业联盟的设计项目管理还涉及资源管理、联盟伙伴管理，以及与客户关系管理、ERP的接口等。

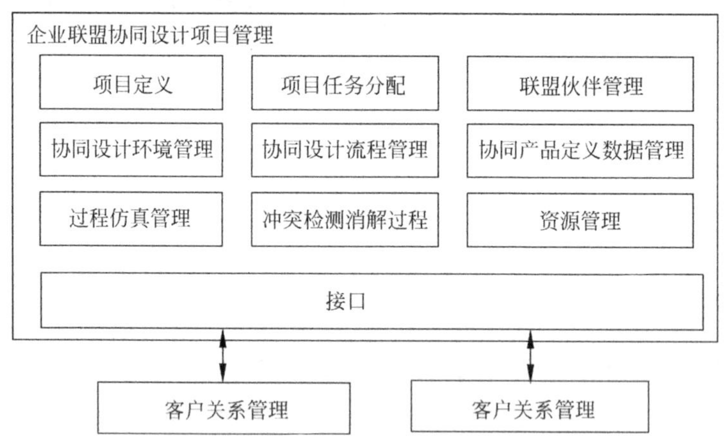

图7-1　大批量定制企业联盟协同设计项目管理示意图

大批量定制项目管理时要列出关键路径，即对整个项目的完成起决定性作用的任务或任务集，在协同设计时可以是需要技术攻关的设计任务或子任务，路径则指的是项目树中从根节点到该设计任务的路径。通过查看关键路径，了解其运行情况，调整任务、资源、作业时间，以保证项目关键路径的顺利实施和整个项目按交货期完成。

大批量定制项目管理具体的管理过程包括项目定义、监视项目执行、项目中止或项目结束。

1. 大批量定制项目定义

对于一个大批量定制项目，首先要根据项目所涉及的知识领域、产品结构等进行宏观目标定义、约束条件定义、项目方法定义和项目外部关系定义等工作，并结合盟主企业（以下简称盟主）与伙伴企业的产品开发优势，划分子项目，并据此选择伙伴企业。大批量定制子项目还可进一步分解为若干个子项目或任务，各子项目中的任务不构成一个单独的活动网络，而属于总项目活动网络的一部分，并分散于总项目之中，而且它们都受总项目的条件约束，由这些任务来构成总项目的活动网络图。大批量定制伙伴企业根据盟主确定的目标要求，建立各子项目的模型，传送给盟主，盟主可按项目的要求对子项目进行统一建模，并对其进行优化和规划，得到一个优化的项目执行过程规划，包括项目的关键路径和关键任务集，作为大批量定制项目实例化的蓝本由各子项目分别实施，并得到项目执行时间统计、资金使用预算方案等。

2. 大批量定制监视项目执行

在大批量定制项目启动后，应当跟踪客户需求变化情况、设计流程，监督每个大批量定制任务的计划完成状况。

大批量定制项目执行中的情况是多变的，特别是对于协同产品设计，会有客户需求的变更、设计的变更、企业联盟的变更，因此需要跟踪和协调各个大批量定制子项目，这样可以把正确的信息和资源送给正确的大批量定制企业，同时保证大批量定制产品的设计过程符合客户的需求。

对大批量定制设计过程的跟踪，需要管理协同设计中的大批量定制产品定义数据的访问，以保证数据的正确访问；对于大批量定制关键设计过程，需要通过仿真来检验设计结果；对于大批量定制设计中的冲突，需要自动检测并自动或辅助式地得到消解；在对大批量定制资源管理的过程中要求资源最大限度地重用。

3. 大批量定制项目中止或项目结束

当大批量定制项目由于各种原因不能继续时只能中止项目；另外，当大批量定制项目的目标已经实现，或者该大批量定制项目的所有子项目都已完成时，则可以结束该项目。这都会涉及大批量定制项目终止。大批量定制项目终止是项目生命周期的最后阶段，对大批量定制项目终止阶段有效管理的目的在于在适当的时候做出正确的决策，通过分析影响项目成功失败的因素，为今后的大批量定制项目管理积累宝贵的经验。

7.2　企业联盟工程变更体系结构及相关定义

7.2.1　企业联盟工程变更总体的体系结构

为实现大批量定制企业联盟间工程变更的资源、流程集成，以大批量定制产品数据管理为核心，结合大批量定制企业联盟的项目管理、一致性保证的大批量定制 BOM 管理，构筑了如图 7-2 所示的大批量定制企业联盟工程变更总体体系结构。

在大批量定制产品设计、制造及装箱中，采用了不同的 BOM，如设计 BOM、制造 BOM(工艺 BOM)和装箱 BOM。当发生变更时，首先直接影响到 BOM 中相应的一些部件，变更的部件又影响其他的部件，合起来形成了变更部件集。在大批量定制项目管理的设计、制造或装箱过程中，每个部件与项目

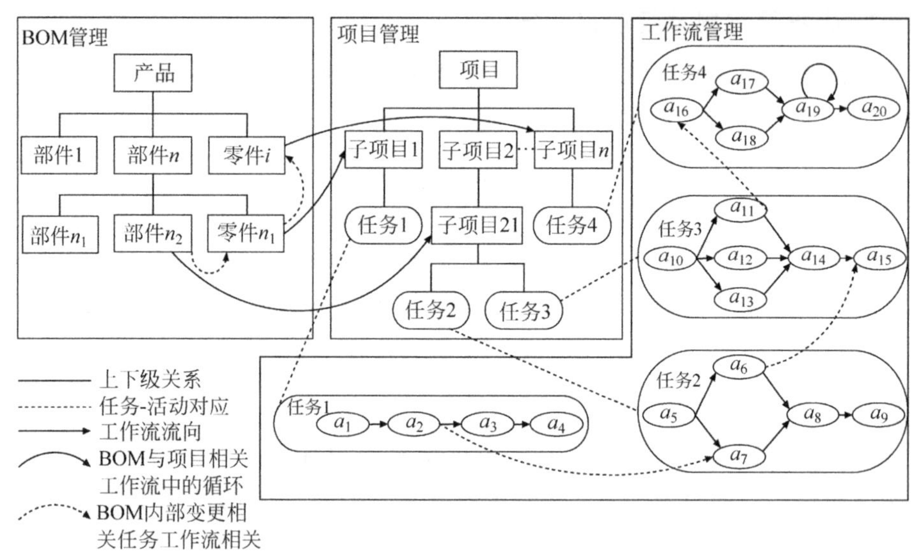

图 7-2　大批量定制企业联盟工程变更总体体系结构

的多个子项目或任务相对应，组成项目树的叶子节点的任务是由活动组成的，活动间的执行控制关系形成了该任务的工作流程，各任务的活动间会因为资源、时间、成本等的安排而有依赖性和同步、协作等互动关系，任务工作流与这些相关关系形成了整个项目管理的工作流。在变更部件集生成后，可根据对应关系列出变更的大批量定制子项目（任务）集，结合各任务工作流之间的相关关系，可列出其他需要变更的子项目（任务）集，对所有变更的子项目（任务）集设置变更后所有任务的活动，根据活动之间的资源、时间、成本关系实现大批量定制资源与工作流的集成，并实现资源、时间、成本的优化，同时可以根据资源冲突规则生成冲突资源集，根据冲突资源的联盟组织和冲突资源所属大批量定制子项目（任务）的联盟组织关系进行协调。

7.2.2　企业联盟工程变更体系的信息形式化描述

定义 7.1：部件集 C。部件 c_i 可形式化描述为 $\{\mathrm{id}_i, \mathrm{cname}_i, \mathrm{ver}_i\}$。其中 id_i 为 c_i 的标识；cname_i 为 c_i 的名称；ver_i 为 c_i 的版本，每一部件均会因设计变更而产生不同的设计版本，由于部件之间的关联性，当某个部件发生版本更新时，相关部件的版本也需进行相应的更新，因此有必要建立一个完整的版本说明信息以有效保存与跟踪所有部件的版本信息与状态，并维持产品结构的完整配置管理要求。用 $\mathrm{EC}(c_i)$ 表示 c_i 的工程变更，$\mapsto$表示变更影响关系，c_i 的变更版本集表示为 $\mathrm{Ver\_EC}(c_i)$，$\mathrm{Ver\_EC}(c_i)=\{c_j \mid \mathrm{EC}(c_i.\mathrm{ver}_i)\mapsto \mathrm{EC}(c_j.$

$\mathrm{ver}_j)\}$。

定义 7.2：部件关系 R。部件关系 R 是 C 与 C 之间的一个二元关系，假定 $R\subseteq C\times C$ 是一个部件关系集合，则 $(c_i,c_j)\in R$ 表示部件 c_i 为部件 c_j 的父部件，c_j 为 c_i 的子部件。父部件由一个或多个子部件构成，当父部件发生工程变更时，相应的子部件必须做适当的调整或变更，部件 c_i 的变更子部件集表示为 $\mathrm{PC\_EC}(c_i)$，$\mathrm{PC\_EC}(c_i)=\{c_j \mid (c_i,c_j)\in R \wedge \mathrm{EC}(c_i)\mapsto \mathrm{EC}(c_j)\}$。当子部件发生工程变更时，相应的父部件也须进行相应的修正或变更，部件 c_i 的变更父部件集表示为 $\mathrm{CP\_EC}(c_i)$，$\mathrm{CP\_EC}(c_i)=\{c_h \mid (c_h,c_i)\in R \wedge \mathrm{EC}(c_i)\mapsto \mathrm{EC}(c_k)\}$。

定义 7.3：部件依赖 D_EC。部件依赖是 C 与 C 之间的一个二元关系，假定 $D\_\mathrm{EC}\subseteq C\times C$ 是一个部件依赖关系集合，则 $(c_i,c_j)\in D\_\mathrm{EC}$ 表示部件 c_i 依赖于部件 c_j，当部件 c_j 发生工程变更时，部件 c_i 必须进行相应的修正或变更。部件 c_i 依赖的部件集合表示为 $D\_\mathrm{EC}(c_i)$，$D\_\mathrm{EC}(c_i)=\{c_j \mid (c_i,c_j)\notin R \wedge (c_j,c_i)\notin R \wedge \mathrm{EC}(c_i)\mapsto \mathrm{EC}(c_j)\}$。

定义 7.4：部件匹配 Match_EC。部件匹配是 C 与 C 之间的一个二元关系，假定 $\mathrm{Match\_EC}\subseteq C\times C$ 是一个部件匹配关系集合，则 $(c_i,c_j)\in \mathrm{Match\_EC}$ 表示部件 c_i 与部件 c_j 之间为匹配关系，当 c_i、c_j 中任一元素发生工程变更时，另一元素也必须进行相应的调整或变更。与部件 c_i 匹配的部件集合表示为 $\mathrm{Match\_EC}(c_i)$，$\mathrm{Match\_EC}(c_i)=\{c_j \mid (c_i,c_j)\notin R \wedge (c_j,c_i)\notin R \wedge \mathrm{EC}(c_i)\mapsto \mathrm{EC}(c_j) \wedge \mathrm{EC}(c_j)\mapsto \mathrm{EC}(c_i)\}$。

定义 7.5：项目单元集 PU。可将一个产品生命周期设为一个项目，项目由子项目组成，子项目由任务组成，项目、子项目与任务合称为项目单元。用 P 表示项目集，SP 表示子项目集，PT 表示任务集。项目单元 pu_i 可形式化描述为(id_i，pid_i，ptype_i，O_i，ts_i，te_i，cc_i，RI_i，RO_i，RS_i，s_i)。其中 id_i 为 pu_i 的唯一标识；pid_i 为 pu_i 的父项目单元的标识，如果 pu_i 是项目，则 pid_i 为空；ptype_i 为 pu_i 的类别，O_i 为 pu_i 的目标集；ts_i 和 te_i 表示 pu_i 执行有效期的开始与结束时间；cc_i 为完成 pu_i 的成本限制；RI_i 为完成 pu_i 所需的资源集，称为输入资源集；RO_i 为完成 pu_i 后产生的资源集，如图档、工艺单等，称为输出资源集；RS_i 为 pu_i 的角色集和相应的约束集，s_i 为项目单元的状态情况，如启动、运行、结束、放弃等。对于企业联盟项目，设盟主域为 AC，伙伴域为 F_1，F_2，…，F_n，伙伴域可由盟主动态选择。项目单元 pu_i 的输入、输出资源集 RI_i 和 RO_i 已有所属域，在下面的资源定义中详细给出。项目单元的角色集 RS_i

中的成员 $rs_1 = AC.r_1$ 表示是盟主企业中的角色 r_1。项目单元类别 $ptype_i$ 分为盟主单独完成项目单元、伙伴单独完成项目单元、盟主为主项目单元和伙伴协同完成项目单元四种，设取得项目单元角色集中的域列表的函数为 GetRoleDomains()。对于项目单元 pu_i 而言，如果 $GetRoleDomains(pu_i) = \{AC\}$，则该项目为盟主单独完成项目单元；如果 $GetRoleDomains(pu_i) = \{AC, F_1, F_2, \cdots\}$，则该项目为盟主为主项目单元；如果 $GetRoleDomains(pu_i) = F_i, 1 \leqslant i \leqslant n$，则该项目为伙伴单独完成项目单元；如果 $GetRoleDomains(pu_i) = \{F_i, F_j, \cdots\}, 1 \leqslant i, j \leqslant n$，则该项目为伙伴协同完成项目单元。

定义 7.6：活动集 A。活动是组成工作流的不可分解的最小执行单元，各活动之间通过一定的关系联结在一起，如顺序、并行、条件、循环等。活动 a_i 可形式化描述为 $\{id_i, tid_i, r_i, Cond_i, Rule_i, ts_i, te_i, cc_i, RI_i, RO_i, s_i, atype_i\}$。其中 id_i 为 a_i 的标识；tid_i 为 a_i 所属的任务标识；r_i 为完成活动 a_i 的角色；$Cond_i$ 为完成活动 a_i 的条件集；$Rule_i$ 为完成活动的规则，如角色的访问控制规则；ts_i 和 te_i 表示 a_i 执行有效期的开始与结束时间；cc_i 为完成活动 a_i 的成本限制；RI_i 为完成活动 a_i 所需的输入资源集；RO_i 为完成活动 a_i 后生成的输出资源集；s_i 为活动 a_i 执行的状态，如启动、运行、结束、放弃等；$atype_i$ 为活动 a_i 在所属任务中的活动类型，如开始节点、中间节点和终止节点。活动 a_i 的结构图如图 7-3 所示。

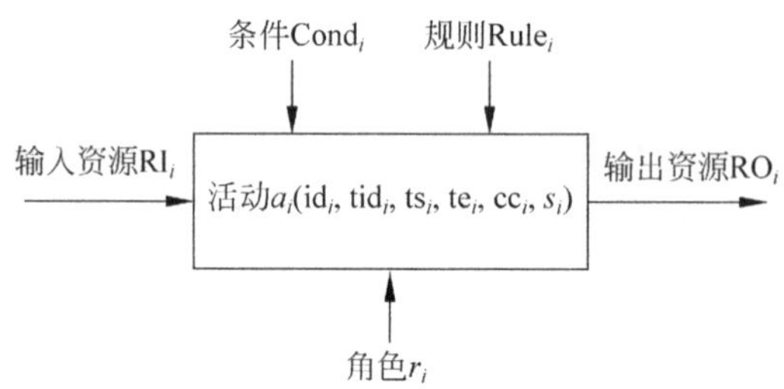

图 7-3　大批量定制流程中活动的结构图

在大批量定制活动模型中，可以采用基于角色的访问控制，在活动执行时，授权流与工作流保持同步，以保证工作流执行中信息的安全性。

大批量定制任务内的活动集组成了任务工作流，整个项目的工作流 W_A 由该项目的所有活动集 A 组成，工作流可以由空活动、活动、顺序、分支、并行、循环形式合成，用巴科斯范式(Backus-Naur form)表示如下：

$W_A ::= \varphi$　　// 空活动

$\mid a_i$　　// 活动

$\mid W_A / W_A$　　// 顺序

$\mid W_A +_c W_A$　　// 选择

$\mid !\ W_A$　　// 循环

$\mid W_A \parallel W_A$　　// 并行

巴科斯范式

定义 7.7：资源集 RES。资源 res_i 可形式化描述为 $\{\text{id}_i, \text{domain}_i, \text{type}_i, \text{rname}_i, q_i, \text{at}_i\}$。其中 id_i 为 res_i 的标识；domain_i 为资源 res_i 的域，将资源细分到属于盟主或某一伙伴企业；type_i 为资源 res_i 的类别，如私有资源、公有资源、角色管理域内使用的资源等；rname_i 为 res_i 的名称；q_i 为 res_i 的数量；at_i 为资源 res_i 访问类型，如图档、工艺信息等资源可重用类型，其重用方式分为完全独占使用（exclusive）、独占只读（exclusive only read）和完全共享（share）三种。

7.3　大批量定制工程变更资源、流程集成

7.3.1　工程变更 BOM 与变更项目单元集生成算法

当大批量定制有工程变更或设计变更发生时，可根据大批量定制 BOM 变更相关信息生成变更 BOM，如算法 7.1 所述。

算法 7.1：变更 BOM 生成算法

设变更的部件集为 ECC，版本发生变化的部件集为 ECV，则通过以下算法得到相关的变更 BOM 集 ECT，其中版本相关变更集为 ECVT，生成变更 BOM 之间的关系不是原先的上下层关系，而是变更关系。

步骤 1：将 ECC 放入 ECT 中，取得第一个部件为 ec_i，如果为空，则转步骤 5，否则转步骤 2；

步骤 2　在变更父部件集、变更子部件集、部件依赖、部件匹配四种变更信息中求出 ec_i 的相关变更集 $\text{ECR} = \{\text{PC\_EC}(\text{ec}_i) \cup \text{CP\_EC}(\text{ec}_i) \cup \text{D\_EC}(\text{ec}_i) \cup \text{MATCH\_EC}(\text{ec}_i)\}$，如果 ECR 为空，则转步骤 4，否则转步骤 3；

步骤 3　依次判断 ECR 中的每一条 ecr_k 是否在 ECT 中存在，如果存在，转步骤 4，否则将 ecr_k 置入 ECT 中；

步骤 4　取 ECT 的下一个部件 ec_j，如果为空，则转步骤 5，否则转步骤 2；

步骤 5 将 ECV 放入 ECVT 中，取得第一个部件为 ec_i，如果为空，则转步骤 9，否则转步骤 6；

步骤 6 在版本变更信息中得到 ec_i 的相关变更集 ECR＝Ver_EC(ec_i)，如果 ECR 为空，则转步骤 8，否则转步骤 7；

步骤 7 依次判断 ECR 中的每一条 ecr_k 是否在 ECVT 中存在，如果存在，转步骤 4，否则将 ecr_k 置入 ECVT 中；

步骤 8 取 ECVT 的下一个部件 ec_j，如果为空，则转步骤 9，否则转步骤 6；

步骤 9 将 ECVT 插入 ECT 中。

BOM 中的部件（零件）与项目单元间为一对多的关系，通过映射关系 $f(c)=(sp_1,\cdots,sp_n,pt_1,\cdots,pt_m)$ 可直接求得部件 c 的相关项目单元集。

映射是双向的，当项目单元需要更改时，对应的 BOM 信息也要进行更改。通过逆映射 $f^{-1}(sp_i)=c_j$ 或 $f^{-1}(pt_i)=c_k$ 可由项目单元直接求出对应的 BOM 部件（零件）。

项目与子项目、子项目与任务之间的关系有以下三种。

(1) 父子关系，也就是项目与子项目、任务之间的关系，父单元的输入资源、输出资源、时间和成本都是子单元的合成。

(2) 依赖性，也就是某一项目单元的执行必须在另一项目单元完成时执行。

(3) 互动关系，如项目单元之间的同步、协作关系。

项目单元的依赖性、互动关系都通过工作流关系来体现。父子关系的资源、时间和成本合成在项目动态变动时通过算法 7.2 来实现。

算法 7.2：项目、子项目、任务汇总算法

假设项目为 p，子项目列表为 $sp_1,sp_2,\cdots,sp_n$，任务列表为 $\{pt_{11},pt_{12},\cdots\},\cdots,\{pt_{i1},pt_{i2},\cdots\},\cdots,\{pt_{n1},\cdots,pt_{nm}\}$，活动列表为 $\{\{a_{111},a_{112},\cdots\},\{a_{121},a_{122},\cdots\},\cdots\},\cdots,\{\cdots,\{a_{nm1},\cdots,a_{nmk}\}\}$，其中活动中已有部分执行过。通过以下算法汇总所有任务、所有子项目和项目的输入资源、输出资源、时间和成本。

步骤 1 取出任务列表中的一个任务 pt_{ij}，列出每个任务 pt_{ij} 所属的活动集 $A_{ij}=\{a_{ij1},a_{ij2},\cdots,a_{ijl}\}$；

步骤 2 计算出活动集 A_{ij} 中输入资源总和减去活动集 A_{ij} 输出资源与输入资源相重叠部分的总和，作为任务 pt_{ij} 的输入资源，即设 $\mathrm{ARI}=\bigcup\limits_{a_i\in pt_{ij}} a_i.\mathrm{RI}$,

$pt_{ij}.RI = ARI - \bigcup_{a_i \in pt_{ij}, a_i.RO \in ARI} a_i.RO$，并对已执行过的活动集，同上计算出该集的输入资源集，将总输入资源的这部分输入资源标上已执行标志；

步骤3　计算出活动集 A_{ij} 中输出资源总和减去活动集 A_{ij} 输入资源与输出资源相重叠部分的总和，作为任务 pt_{ij} 的输入资源，即设 $ARO = \bigcup_{a_i \in pt_{ij}} a_i.RO$，$pt_{ij}.RO = ARO - \bigcup_{a_i \in pt_{ij}, a_i.RI \in ARO} a_i.RI$，并对已执行过的活动集，同上计算该集的输出资源集，将总输出资源的这部分输出资源标上已执行标志；

步骤4　计算出活动集 A_{ij} 中最早开始时间 $\min\{a_{ij1}.ts, \cdots, a_{ijl}.ts\}$ 与最晚结束时间 $\max\{a_{ij1}.te, \cdots, a_{ijl}.te\}$，分别设置为任务的开始时间 $pt_{ij}.ts$ 与结束时间 $pt_{ij}.te$；

步骤5　计算出活动集 A_{ij} 中成本之和，设置为任务的成本，即 $pt_{ij}.cc = Sum(a_{ij1}.cc, \cdots, a_{ijl}.cc)$；

步骤6　从任务列表中重复取任务，重复步骤1～步骤5，直到任务取值完毕为止；

步骤7　递归式地计算出各子项目与项目的输入资源、输出资源、时间限制和成本总和。

在变更BOM通过映射关系求出直接变更的项目单元后，由于项目单元之间存在依赖性和互动关系，因此可以通过算法7.3来求出变更的项目单元集。

算法7.3：变更项目单元集生成算法

设输入变更BOM集，结合BOM-项目单元映射关系、原项目中流程活动集，通过以下算法输出项目变更单元集SPT。

步骤1　从BOM集中取一个部件(零件)c；

步骤2　根据映射关系 $f(c)$ 取得子项目集或任务集 SPT_c，判断 SPT_c 的每一项及其上级子项目是否在SPT中存在，如果不存在则置入SPT中；

步骤3　重复从BOM集中取下一个部件(零件)，执行步骤2，直到取完为止，转到步骤4；

步骤4　取出所取得的子项目集或任务集，得到所有的活动集AS；

步骤5　从活动集中根据工作流的顺序、分支、并行集得到相关的活动集，从活动集中逐一得到上级的任务，判断任务及任务的上级子项目是否在SPT中存在，如果不存在则将任务置入SPT集中。

7.3.2 工程资源优化工作流集成

大批量定制工作流程之间也有一定的规则，本章归纳出以下几条规则。

规则 7.1：如果 a_1. RO$\cap a_2$. RI$\neq\varnothing$，则 a_1. te$\leqslant a_2$. ts(偏序)。

规则 7.2：在没有资源、时间冲突的情况下，离散型或顺序型都可改为并行型，即 $W_1/W_2/\cdots/W_n \Rightarrow W_1 \parallel W_2 \parallel \cdots \parallel W_n$，$\forall a_i \in W_k, a_j \in W_l, W_k \neq W_l$，$1 \leqslant k, l \leqslant n$ 满足 a_i. RI、a_i. RO 与 a_j. RI、a_j. RO 之间无关且 a_i. ts、a_i. te 与 a_j. ts、a_j. te 间范围允许。

规则 7.3：当几个独立的不同流程或活动，输入资源与输出资源完全相同时为选择型。即 W_1 与 W_2 为离散型，$\forall a_i \in W_1, a_j \in W_2$ 满足 a_i. RI$=a_j$. RI$\wedge a_i$. RO$=a_j$. RO 且 W_1 和 W_2 的条件集间不冲突的情况下，为 W_1+W_2。

规则 7.4：当几个不同流程或活动，有来自同一活动的输出资源作为输入资源，且对应的条件集满足互补关系时为选择型。

规则 7.5：几个顺序型的同一流程或活动，输入资源与输出资源完全相同时为循环型，即 W/W 或 $W/!\ W$，在前后执行条件集不变的情况下，则为！W。

根据项目变更集，可设置好各任务的活动，通过算法 7.2 对有变化的任务、子项目和项目进行汇总。然后通过算法 7.4 来实现资源优化的工作流集成。

算法 7.4：资源优化的工作流集成

设输入变更项目单元集，通过以下算法安排工作流活动之间的关系，并且生成变更信息。

步骤 1 从变更单元集中得到所有未执行的活动集 UAS。

步骤 2 从 UAS 中取出第一个活动 uas_1，转到下一步。

步骤 3 在所有活动中找到 uas_1. RI 为输出资源且输出资源未被占用的活动匹配集，可以通过子项目的未占用输出资源列表来索引。根据规则 7.1 确定执行的顺序，在匹配集中，尽量采用盟主企业的资源，多资源匹配时尽量按时间限制范围最近原则选配，匹配完成后设置好活动的实际时间限制 uas_1. ts 和 uas_1. te。如果匹配集为空或 uas_1 的输入资源尚未匹配完，转步骤 4，否则转步骤 5。

步骤 4 如果 uas_1. RI 为可重用资源，且 uas_1 访问条件为 Share，则寻找满足 Exclusive Only Read 和 Share 的输出资源的活动匹配集。根据规则 7.1 确定执行的顺序，匹配集中，资源尽量采用盟主企业的资源，继续下一步。

步骤5　从UAS中取出下一个活动，如果为空，则转步骤6，否则转步骤2。

步骤6　对以上安排的顺序集根据规则7.2～规则7.5进行重组。

步骤7　对比前后流程，生成相关的变更信息。

资源安排时会出现一些冲突的情况，本章归纳了以下几条规则。

规则7.6：活动的输入资源无法对应到所有活动的输出资源的情况，即 $\exists a_k \in A, a_k.\mathrm{RI} \cap \bigcup_{a_i \in A \wedge a_i \neq a_k} a_i.\mathrm{RO} = \varnothing$。

规则7.7：活动输入资源匹配后，所安排的开始时间不早于结束时间的情况，即 $\exists a_i \in A, a_i.\mathrm{ts} \geqslant a_i.\mathrm{te}$。

规则7.8：资源可在规定的时间中匹配到，但是不满足活动的条件。

规则7.9：输出资源不在活动的父任务的输出资源中，输出资源没被使用到的情况。

规则7.10：在几个选择型活动后的输出资源同时被使用的情况。

规则7.11：资源可在规定的时间中匹配到，同一角色同时使用过多的情况。

通过算法7.5来生成冲突的资源集。

算法7.5：冲突资源生成算法

设输入为已安排好活动关系的变更项目单元集，通过以下算法得到冲突的资源集，并判断各资源的属性，及其所在项目单元的组织属性。

步骤1　从变更单元的活动集AS中取出一个活动，执行步骤2。

步骤2　根据规则7.6～规则7.11判断出冲突的资源活动集。

步骤3　判断冲突资源的属性，是属于盟主资源还是伙伴企业资源。

步骤4　对于每一条对应的项目单元，通过Getdomains来判断其类别，再从变更单元的活动集AS中取下一个活动，执行步骤2，直到取完为止。

对以上各算法进行合成，形成了以下变更集成的总体流程。

步骤1　得到变更的部件或零件。

步骤2　根据算法7.1得到相应变更的部件和零件集，即变更BOM。

步骤3　根据算法7.3得到相应变更的项目单元集，并确定各个变更任务的活动。

步骤4　各个变更任务的活动设置完成后，通过算法7.2进行汇总。

步骤5　通过算法7.4集成活动工作流，并在资源使用优化的基础上优化集成的工作流。

步骤 6 根据算法 7.5 检测出发生冲突的资源集，逐个判断资源类别和所属项目单元类别。如果盟主单独完成项目单元或盟主资源，可直接采用在盟主企业内部调整申请单、成本、时间或资源重排等方式来消除冲突；如果盟主为主项目单元、伙伴单独完成项目单元、伙伴协同完成项目单元或伙伴企业资源，则在所在域内引入合理协调机制重新进行步骤 1～步骤 6 的迭代来实现大批量定制资源、工作流的完全集成。

第8章

基于组合优化的产品质量规划与供应链构建技术

在市场角逐日趋激烈的背景下，产品的Q、C、D，即质量(quality，Q)、成本(cost，C)和响应速度(delivery，D)已经成为企业提升竞争力和拓展市场空间的关键性因素。伴随知识工程、稳健设计、数字化虚拟样机等各种先进理念的不断涌现，企业可以按照适当的战略方针高效地满足客户的Q、C、D需求，从而赢得更多的市场空间。在这种背景下，大批量定制企业把供应商作为一种不可或缺的资源在产品研发过程中对其越来越关注。对一般性制造企业进行统计调查发现，企业支付供应商的外协、外购成本占产品总成本的比例高达50%以上。对于大部分当代大批量定制产品而言，其组成的部件中更是达到了九成以上由遍布全球的供应商来提供。由此可见，选择合适的供应商及其供货方案来提高大批量定制产品的品质，成为大批量定制企业有效构筑协同优化任务链的关键环节。因此，针对大批量定制产品质量规划方法在部件质量、成本及交货期的综合优化和供应商评价等两方面所存在的局限性，提出基于组合优化的产品质量规划与供应链构建技术。第一阶段进行大批量定制产品部件质量规划的多目标优化，以大批量定制产品部件组合方案的整体表现度最佳为目标，基于Epsilon-强度Pareto多目标进化算法对其进行优化并获得有限数量的解集。第二阶段完成大批量定制产品的供应链动态多属性决策评价，将基于伯努利预测的模糊动态多属性决策模型用于对最优解集中所对应的大批量定制产品供应商进行评价，进而确定出最佳的大批量定制产品供应商和部件规划方案。

8.1 定制产品部件尺度质量规划及供应链构建的问题分析

为了实现大批量定制的产品质量规划与供应链构建技术，首先要深入分析部件尺度质量规划与供应链关系的问题。从本质上而言，供应商参与下的大批量定制产品优化设计是一个不确定环境下多目标优化问题，在此过程中产品方案的规划涉及部件优选和供应商评价两个层面。下面首先对大批量定制产品部件尺度质量规划与供应链关系的基本问题进行系统描述，建立起对应 Pareto 思想的多目标优化数学模型。

8.1.1 部件尺度质量规划与供应链关系的基本问题描述

生产商在确定产品的功能结构后，一般都会明确产品的质量、成本预算和最迟交货期等设计任务，进而甄选合理的供应商。假设在供应商参与下的空气压缩机规划过程中，M 表示组成空气压缩机的部件个数，N_p 为可参与第 p 种部件研发的供应商数量。对空气压缩机的部件进行优化选择时，如果决策变量 $\psi_{p,q}=1$，则表示部件 p 由第 q 个供应商进行研发，否则 $\psi_{p,q}=0$。质量、成本和交货期是空气压缩机生产企业选择供应商普遍采用的最重要的定量标准，利用变量 $c_{p,q}$、$m_{p,q}$ 和 $d_{p,q}$ 分别表示第 q 个供应商提供的部件 p 的成本、质量和交货期。其中，变量 p 和 q 满足：$1\leqslant p\leqslant M$，$1\leqslant q\leqslant N_p$。由于在质量控制方面，空气压缩机各部件对系统整体质量可靠性的贡献程度不同，所以设定第 p 种部件的权重为 w_p，且满足 $\sum_{p=1}^{M} w_p=1$，w_p 的取值可由层次分析法确定或采用焦明海等使用的质量功能展开法来确定。以 η_p 表示部件 p 的失效概率密度函数，利用质量分布函数$\partial(\eta_p)$表示部件 p 的可靠性模型。以大批量定制的空气压缩机为例，以其总成本 C、质量 Q（为使表达具有统一性，取式(8-2)的相反数）、交货期 D 为目标函数，构建空气压缩机质量优化设计的多目标模型如下：

$$\min C(\psi_{p,q})=\sum_{p=1}^{M}\sum_{q\in N_p}\psi_{p,q}c_{p,q}[(1+\psi_{p,q})^3+2(1-\psi_{p,q})^2-1] \tag{8-1}$$

$$\min Q(\psi_{p,q})=-\sum_{p=1}^{M}\sum_{q\in N_p}\partial(\eta_p)\int_{O_2}^{O_1}\eta_p\,\mathrm{d}x w_p\psi_{p,q}m_{p,q}[(1+\psi_{p,q})^3+ 2(1-\psi_{p,q})^2-1] \tag{8-2}$$

$$\min D(\psi_{p,q})=\sum_{p=1}^{M}\sum_{q\in N_p}\psi_{p,q}d_{p,q}[(1+\psi_{p,q})^3+2(1-\psi_{p,q})^2-1] \tag{8-3}$$

并且满足以下约束条件：

$$\text{s. t. } C(\psi_{p,q})\leqslant C^*\leqslant\sum_{p=1}^{M}\sum_{q\in N_p}\max c_{p,q} \tag{8-4}$$

$$Q(\psi_{p,q}) \geqslant Q^* \geqslant \max_p m_p^* \tag{8-5}$$

$$m_{p,q} \geqslant m_p^* \partial(\eta_p) \int_{O_2}^{O_1} \eta_p \mathrm{d}x, \quad \forall 1 \leqslant p \leqslant M, 1 \leqslant q \leqslant N_p \tag{8-6}$$

$$D(\psi_{p,q}) \leqslant D^* \leqslant \sum_{p=1}^{M} \sum_{q \in N_p} \max d_{p,q} \tag{8-7}$$

$$\sum_{q=1}^{N_p} \psi_{p,q} = 1, \quad \forall 1 \leqslant p \leqslant M, 1 \leqslant q \leqslant N_p \tag{8-8}$$

式中，C^* 为空气压缩机的预算成本；Q^* 为空气压缩机的质量最低可靠值；D^* 为空气压缩机的交货期；O_1 为空气压缩机可靠性概率上限值；O_2 为空气压缩机可靠性概率下限值。

需要指出的是，除了满足空气压缩机的系统质量最低可靠值条件外，每种部件的质量可靠值也必须保证不低于单个部件的可靠性阈值 m_p^*。

8.1.2　部件尺度质量控制多目标规划的 Pareto 优化思想

在 8.1.1 节中，构建了以 $C(\psi_{p,q})$、$Q(\psi_{p,q})$、$D(\psi_{p,q})$ 三个目标最小化为优化目标的多目标优化模型。这三个优化目标是指导供应商供货的通用化和基本性要求。然而在实际应用时，企业对供应商的供货需求远非如此。例如，董景峰提出了交货提前期最小化的要求；焦明海还对供应商提出了供货重量最小化的要求等。企业对供应商的要求可谓林林总总，难以一言囊括。基于此，本节将供应商参与下的部件组合优化模型进行拓展。这样一来，一方面使得拓展后的多目标优化模型具有通用性和普适性；另一方面，可以将支配、Pareto 前沿等概念和机理引入优化过程中。为不失一般性，供应商参与下的部件组合优化模型可以表达为

$$\min F(x) = [f_1(x), \cdots, f_k(x), \cdots, f_K(x)], \quad k = 1,2,\cdots,K \tag{8-9}$$

$$\text{s.t. } g_j(x) \leqslant 0, \quad j = 1,2,\cdots,J \tag{8-10}$$

$$h_j(x) = 0, \quad j = J+1, J+2, \cdots, L \tag{8-11}$$

式中，$f_k(x)$ 为第 k 个目标函数。接下来给出相关的基本概念。x 必须满足定义 1 和法则 1。

定义 1：对于最小化问题，若决策状态空间 $\boldsymbol{X}$ 中的任意两个决策向量 $\boldsymbol{x}$ 和 $\boldsymbol{z}$ 满足法则 1，则称 $\boldsymbol{x}$ 支配 $\boldsymbol{z}$，亦称 $\boldsymbol{x}$ 优于 $\boldsymbol{z}$，记作 $\boldsymbol{x} \prec \boldsymbol{z}$。

法则 1：对于任意 $a \in \{1,2,\cdots,K\}$，如果不等式 $f_a(\boldsymbol{x}) \leqslant f_a(\boldsymbol{z})$ 都成立，那么至少存在一个 $b \in \{1,2,\cdots,K\}$，使得 $f_b(\boldsymbol{x}) < f_b(\boldsymbol{z})$ 严格成立。

8.2 定制产品的部件尺度质量优化控制

在构建供应商参与下的大批量定制产品的方案优化数学模型的基础上，将适应性约束处理机制引入 SPEA2 后用于求解该多目标优化模型，实现定制产品的部件尺度质量优化控制。

8.2.1 基于 SPEA2 的定制产品部件编码方式

算法领域的权威科学家 Zitzler 创新性地提出了著名的第二代强度帕累托进化算法（improved strength pareto evolutionary algorithm，SPEA2）。该算法需要人为设置的参数较少，具有高效的优化性能和计算速度，而且轻易地就能够获得分布均匀的 Pareto 前沿；SPEA2 与大量成熟的多目标优化算法如 NSGAⅡ、MOEA2、MOPSO 等相比具有诸多明显的优势，因此在自动控制、水资源调度、卫星云图、航空航天、产品族模块规划、流体力学、数据挖掘等众多科技领域中得到成功且广泛的应用。

然而传统的 SPEA2 算法在维护目标函数空间的广阔性和算法收敛速度等方面还仍然存在不尽如人意的地方。针对这类问题，算法领域的另一位知名学者 Deb 引入了 Epsilon（简记为 ε）策略，并已将其用于改进 NSGAⅡ。Deb 提出的 ε 策略经过分析验证后得到同领域学者的赞同和推广。因此，本节将 ε 策略引入 SPEA2 后（简称 ε-SPEA2）求解供应商参与下的产品方案多目标优化设计问题。

ε 策略

在求解空气压缩机部件组合方案的多目标优化模型过程中，如何将 $\wp_{p,q}$有效地表达成基因是 ε-SPEA2 编码工作的核心。以 $\wp_{p,q}$进化至第 Gen 代时直接表达为一个长度为 N_p 的二进制基因片段 $\wp_{p,q}(\mathrm{Gen})$。利用布尔编码方式可以清楚地表达空气压缩机部件与供应商的供货关系。

8.2.2 定制产品部件尺度质量优化的约束处理

处理优化算法中的约束问题一直是算法领域的一个难点和重点。比较常用的方法是通过构造惩罚函数来降低违背约束的不可行解的适应度或直接排除不可行解，从而将有约束优化问题转化为无约束优化问题。但如何解决惩罚函数中惩罚系数取值受摄动因素影响这一难点，却一直都是优化问题的瓶颈；另一方面，构建不合理、不恰当的惩罚函数将会对算法的计算速度产生消极的影响。

Woldesenbet 针对这些问题，通过适应度主导原理来动态计算算法进化过程中各个解的原始适应度，并采用约束违反度来衡量每个不可行解违反约束的程度。基于此，借鉴这一约束处理的先进思想，将适应度主导原理和约束违反度引入 ε-SPEA2 算法。定义任意解 $\boldsymbol{z}$ 的约束违反度为

$$Y(\boldsymbol{z}) = (1 - R_{\mathrm{f}}) \frac{1}{L} \sum_{j=1}^{L} \frac{c_j(\boldsymbol{z})}{c_{\max}^{j}} \tag{8-12}$$

式中

$$c_j(\boldsymbol{z}) = \begin{cases} \max\{0, g_j(\boldsymbol{z})\}, & j = 1, 2, \cdots, J \\ \max\{0, |h_j(\boldsymbol{z})| - \delta\}, & j = J+1, J+2, \cdots, L \end{cases}$$

$$c_{\max}^{j} = \max_{\boldsymbol{z}} c_j(\boldsymbol{z})$$

式中，δ 为等式约束容差值，可以按照动态约束可行比率 R_f 来取值，也可以按照实际情况进行取值。

下面将约束违反度 $\mathrm{Y}(\boldsymbol{z})$包含在适应度的计算模型中。

8.2.3　基于 SPEA2 的定制产品质量控制优化模型求解

步骤 1　对 ε-SPEA2 的基本参数进行初始化。以 8.2.1 节的编码方式对“部件-供应商”选择关系 $\wp_{p,q}$进行编码。设定算法初始进化代数 Gen＝0，最大进化代数 Gen_max；交叉重组概率 P_{c}，变异概率 P_{m}。随机产生初始的内部群体 U_0，构造一个空的档案(archive)容器 V_0。算法运行至任意代数 Gen 时，内部种群 U_{Gen} 的最大容积为 E，档案容器 V_{Gen} 的最大容积为 D。Gen＝0 时，保证 card$(U_0)=E$，card$(V_0)=\varnothing$。其中，card(・)表示集合的势函数，$\varnothing$ 表示空集。

步骤 2　计算内部种群 U_{Gen} 与档案容器 V_{Gen} 中各染色体在进化到第 Gen 代时的适应度。首先给 U_{Gen} 和 V_{Gen} 中的任意染色体 z^i 都分配一个压力值 $\Omega(z^i)$：

$$\Omega(z^i) = \mathrm{card}(\{j \mid z^j \in (U_{\mathrm{Gen}} \cup V_{\mathrm{Gen}}) \wedge (z^i \prec z^j)\}) \tag{8-13}$$

式中，$\Omega(z^i)$代表 z^i 所支配的个体数；∧是数理逻辑中的合取符号。z^i 的基本适应度$\nabla(z^i)$可以表达为

$$\nabla(z^i) = \sum_{j} \{\Omega(z^j) \mid z^j \in (U_{\mathrm{Gen}} \cup V_{\mathrm{Gen}}) \wedge z^j \prec z^i\} \tag{8-14}$$

兼顾各个染色体的密集排斥作用，将密集度指标 $\Theta(z^i)$ 引入染色体的基本适应度 $\nabla(z^i)$ 中进行计算。$\Theta(z^i)$ 表示由"k-最近邻方法"所定义的 z^i 的密集度指标进行计算。考虑到约束违反度 $Y(z^i)$ 对算法的影响，定义全面的适应度函数 $\Gamma(z^i)$ 为

k-最近邻方法

$$\Gamma(z^i) = \frac{1 - Y(z^i)}{\nabla(z^i) + \Theta(z^i)} \tag{8-15}$$

$\Gamma(z^i)$ 值越大说明综合性能 z^i 越优，反之亦然。

步骤 3 将 U_{Gen} 和 V_{Gen} 中所有非支配个体进行复制后归档到 $V_{\text{Gen}+1}$ 中。若 $\text{card}(V_{\text{Gen}+1}) < D$，则从 U_{Gen} 和 V_{Gen} 中选择适应度最大的 $D\text{-card}(V_{\text{Gen}+1})$ 个非支配性个体补充到 $V_{\text{Gen}+1}$ 中，即

$$\{j \mid z^j \in (U_{\text{Gen}} \cup V_{\text{Gen}}) \wedge \max_{D\text{-card}(V_{\text{Gen}+1})} (\Gamma(z^j))\} \Rightarrow V_{\text{Gen}+1}$$

若 $\text{card}(V_{\text{Gen}+1}) > D$，为了防止种群退化，利用基于网格向量的精英保留策略以便控制 $V_{\text{Gen}+1}$ 的规模直至 $\text{card}(V_{\text{Gen}+1}) = D$ 为止。

步骤 4 算法终止状态判断。检查算法计数器，若当前代数 Gen≥Gen_max，则整个算法终止，并将 $V_{\text{Gen}+1}$ 中的 Opt_num 个 Pareto 最优解组成的 Pareto 前沿作为优化结果输出；否则，继续执行步骤 5。

步骤 5 对档案容器 $V_{\text{Gen}+1}$ 执行锦标赛算法来选择适应度最优的染色体添充到交配池中，从而更新 $V_{\text{Gen}+1}$ 并且保持新生代群体旺盛的生命力。

锦标赛算法

步骤 6 利用 ε 支配关系对 V_{Gen} 和 $V_{\text{Gen}+1}$ 中的染色体进行比较，选择较优者进入 $U_{\text{Gen}+1}$。如果互为不可支配，则随机选择一个较优者对交配池中个体实施重组和变异操作，产生的新个体进入 $U_{\text{Gen}+1}$。同时更新记录算法进化代数的计数器，即 Gen=Gen+1。随后，算法执行步骤 2。

经过 ε-SPEA2 算法求解所产生的 Pareto 前沿中的每个 Pareto 最优解均代表了一个可行的空气压缩机部件组合方案。这样一来，这些 Pareto 最优解不仅满足下游生产商规定的部件质量、成本、交货期等要求，而且空气压缩机组合方案的数量也被缩小到了有限数量 Opt_num 个。下面利用模糊动态多属性决策方法对 Opt_num 个 Pareto 最优解所代表的空气压缩机部件组合方案中的所有供应商进行评价，进而筛选出最优的部件组合方案和相对应的供应商。

8.3　定制产品供应商的动态多属性评价与选择

针对供应商评价的现存问题，考虑供应商在大批量定制产品的供货过程中行为表现的不确定性和动态性(如供应商信誉度、售后服务、供货的合格率和交货的及时性等)，利用伯努利拟合预测模型和傅里叶修正算法获得供应商供货表现的预测值，结合历史数据对供应商进行全面、客观的评价。

8.3.1　供应商评价的基本问题描述

评价供应商在供货过程中的行为表现可以描述为这样一个动态多属性决策过程：给定一组供应商集合 $\text{Providers}=\{\text{PR}_1,\text{PR}_2,\cdots,\text{PR}_m\}$，它由 m 个供应商组成。根据决策需要确定评价供应商的 n 个属性集合 $A=\{a_1,a_2,\cdots,a_n\}$ 及其权重集合 $W=\{\lambda_1,\lambda_2,\cdots,\lambda_n\}$。生产商的产品研发部门在每次每种型号的空气压缩机开发完成并交付最终客户后，都会对供应商进行全面的评价。这样的事后评价过程比较客观、准确，因为当产品经过装配、调整、试车及维护等一系列程序后，供应商供货行为的优劣表现便可以得到清楚、有效的检验。

为方便评价，研发人员利用模糊语义变量对每个供应商的各个属性进行判断。假设给定的模糊语义变量个数为 H，第 $h(1\leqslant h\leqslant H)$个模糊语义变量的含义为诸如“好”“较好”“一般”“较差”“差”等。对于已有的 T 次供货评价记录来说，关于供应商 i 的第 j 个属性在第 $t(1\leqslant t\leqslant T)$次供货后的评价结果可记为 $\beta_{i,j}(t)$。$\beta_{i,j}(t)$的取值可利用下式计算后获得：

$$\beta_{i,j}(t)=\lambda_j\int\mu_{i,j}^t(x_h^{\mathrm{L}})\mathrm{d}x+(1-\lambda_j)\int\mu_{i,j}^t(x_h^{\mathrm{R}})\mathrm{d}x \tag{8-16}$$

式中，$\mu_{i,j}^t(x_h^{\mathrm{L}})$、$\mu_{i,j}^t(x_h^{\mathrm{R}})$分别表示第 h 个模糊语义变量的左、右边界隶属度，可以由模糊数学相关的知识确定，而整个积分的上下限可以由设计人员根据经验确定。

于是每次评价后都可以形成一个评价矩阵。为了不失一般性，可以将第 $t(1\leqslant t\leqslant T)$次供货后的供应商多属性决策评价矩阵表示为 $\boldsymbol{B}^t$：

$$\boldsymbol{B}^t=\begin{bmatrix}\beta_{1,1}(t) & \cdots & \beta_{1,j}(t) & \cdots & \beta_{1,n}(t)\\ \vdots & & \vdots & & \vdots\\ \beta_{i,1}(t) & \cdots & \beta_{i,j}(t) & \cdots & \beta_{i,n}(t)\\ \vdots & & \vdots & & \vdots\\ \beta_{m,1}(t) & \cdots & \beta_{m,j}(t) & \cdots & \beta_{m,n}(t)\end{bmatrix}$$

在得到 T 个评价矩阵后，下面利用数学拟合模型对其进行数据挖掘和预测，进而得到当下第 $T+1$ 时刻的供应商评价矩阵 $\boldsymbol{B}^{T+1}$。

8.3.2 基于伯努利拟合的供应商评价属性值预测方法

统计学家 Cullen 首次提出的伯努利时间序列拟合预测模型（Bernoulli times series fit predict model）通过傅里叶算法进行误差频谱多相修正，具有所需样本量小、人为输入参数少、预测精度高等特点。Hsu 通过实验分析证明了伯努利模型比灰色系统、神经网络、支持向量机、多元回归模型等通用预测模型具有明显优势。因此，该模型在失业率预测、集成电路性能预测、客户需求预测、股票市场分析等多种专家系统实施过程中所发挥的作用已初见端倪。受上述文献的启发，利用伯努利模型对供应商的评价属性进行预测从而获得当下 $T+1$ 时刻的供应商评价矩阵 $\boldsymbol{B}^{T+1}$。

下面以第 i 个供应商 PR_i 的第 j 个评价属性 a_j 为例说明评价过程。根据邓聚龙、Hsu 的研究，具体评价过程如下：

步骤 1 以 $\beta_{i,j}(1),\beta_{i,j}(2),\cdots,\beta_{i,j}(T)$ 为原始训练数据进行拟合。为表示方便起见，令 $\beta_{i,j}(t)=y^{(0)}(t)(1\leqslant t\leqslant T)$。记 $\boldsymbol{y}^{(0)}$ 为 T 元序列，$\boldsymbol{y}^{(0)}=[y^{(0)}(1),y^{(0)}(2),\cdots,y^{(0)}(T)]$，$T$ 为已有的供货次数且 $T\geqslant 4$。对 $\boldsymbol{y}^{(0)}$ 中的元素作累加操作，即

$$y^{(1)}(t)=\sum_{i=1}^{t}y^{(0)}(t),\quad t=1,2,\cdots,T \tag{8-17}$$

经过累加操作后得到 $\boldsymbol{y}^{(1)}=[y^{(1)}(1),y^{(1)}(2),\cdots,y^{(1)}(t),\cdots,y^{(1)}(T)]$，则 $\boldsymbol{y}^{(1)}$ 就是 $\boldsymbol{y}^{(0)}$ 的累加序列。构建伯努利微积分方程：

$$\int_{t-1}^{t}\frac{\partial y^{(1)}(t)}{\partial t}\mathrm{d}t+a\int_{t-1}^{t}y^{(1)}(t)\mathrm{d}t=b \tag{8-18}$$

式中，a、b 为待求解参数。

步骤 2 根据序列 $\boldsymbol{y}^{(0)}$ 和 $\boldsymbol{y}^{(1)}$ 求得 $\boldsymbol{u}^{(1)}$，即

$$u^{(1)}(t)=\frac{y^{(0)}(t)}{\ln\dfrac{y^{(0)}(t)}{y^{(0)}(t-1)}}+y^{(1)}(t)-\frac{(y^{(0)}(t))^{2}}{y^{(0)}(t)-y^{(0)}(t-1)} \tag{8-19}$$

步骤 3 由龙格-库塔（Runge-Kutta）方法，求解参数 a、b 的数值：

$$\begin{bmatrix}a\\b\end{bmatrix}=(\boldsymbol{B}^{\mathrm{T}}\boldsymbol{B})^{-1}\boldsymbol{B}^{\mathrm{T}}\boldsymbol{Y}_N \tag{8-20}$$

式中

$$\boldsymbol{B}=\begin{bmatrix}-u^{(1)}(2) & 1\\ -u^{(1)}(3) & 1\\ \vdots & \vdots\\ -u^{(1)}(T) & 1\end{bmatrix},\quad \boldsymbol{Y}_N=[y^{(0)}(2),y^{(0)}(3),\cdots,y^{(0)}(T)]$$

步骤 4　构建伯努利模型的指数响应形式：

$$\hat{y}^{(1)}(t+1)=\left[\left(y^{(0)}(1)-\frac{b}{a}\right)\mathrm{e}^{-a(t-1)}+\frac{b}{a}\right] \tag{8-21}$$

对 $\hat{y}^{(1)}(t+1)$做累减生成 $\hat{y}^{(0)}(t+1)$，即

$$\hat{y}^{(0)}(t+1)=\hat{y}^{(1)}(t+1)-\hat{y}^{(1)}(t),\quad t=1,2,\cdots,T \tag{8-22}$$

式中，$\hat{y}^{(0)}(t+1)$为原始数据序列 $y^{(0)}(t)$的下一个时刻 $t+1$ 的预测值。

步骤 5　为提高数据拟合的精度，利用傅里叶修正法对任意 $t(t\geqslant 4)$时刻的预测值 $\hat{y}^{(0)}(t)$进行修正，修正后的预测值记为 $\hat{y}_*^{(0)}(t)$，可以表达为

$$\hat{y}_*^{(0)}(t)=\hat{y}^{(0)}(t)-\gamma^0(t) \tag{8-23}$$

式中，$\gamma^0(t)$为 t 时刻的误差项，可以表达为傅里叶级数：

$$\gamma^{(0)}(t)=\frac{1}{2}a_0+\sum_{i=1}^{k_a}\left(a_i\cos\left(\frac{\mathrm{i}2\pi}{T}t\right)+b_i\sin\left(\frac{\mathrm{i}2\pi}{T}t\right)\right) \tag{8-24}$$

式中，傅里叶系数矢量 $\boldsymbol{W}=[a_0,a_1,b_1,a_2,b_2,\cdots,a_{k_a},b_{k_a}]^{\mathrm{T}}$ 由下式计算：

$$\boldsymbol{W}=(\boldsymbol{F}^{\mathrm{T}}\boldsymbol{F})^{-1}\boldsymbol{F}^{\mathrm{T}}\boldsymbol{E}^{(0)} \tag{8-25}$$

式中，$\boldsymbol{E}^{(0)}=[E^{(0)}(2),\cdots,E^{(0)}(t),\cdots,E^{(0)}(n)]^{\mathrm{T}}$ 为残差序列矢量，$E^{(0)}(t)$满足关系：

$$E^{(0)}(t)=y^{(1)}(t)-\hat{y}^{(1)}(t) \tag{8-26}$$

$\boldsymbol{F}$ 为傅里叶矩阵，可以表达为

$$\boldsymbol{F}=\begin{bmatrix}\frac{1}{2} & \cos\left(2\frac{2\pi\times1}{T}\right) & \sin\left(2\frac{2\pi\times1}{T}\right) & \cos\left(2\frac{2\pi\times2}{T}\right) & \sin\left(2\frac{2\pi\times2}{T}\right) & \cdots & \cos\left(2\frac{2\pi\times k_a}{T}\right) & \sin\left(2\frac{2\pi\times k_a}{T}\right)\\ \frac{1}{2} & \cos\left(3\frac{2\pi\times1}{T}\right) & \sin\left(3\frac{2\pi\times1}{T}\right) & \cos\left(3\frac{2\pi\times2}{T}\right) & \sin\left(3\frac{2\pi\times2}{T}\right) & \cdots & \cos\left(3\frac{2\pi\times k_a}{T}\right) & \sin\left(3\frac{2\pi\times k_a}{T}\right)\\ \vdots & \vdots & \vdots & \vdots & \vdots & & \vdots & \vdots\\ \frac{1}{2} & \cos\left(n\frac{2\pi\times1}{T}\right) & \sin\left(n\frac{2\pi\times1}{T}\right) & \cos\left(n\frac{2\pi\times2}{T}\right) & \sin\left(n\frac{2\pi\times2}{T}\right) & \cdots & \cos\left(n\frac{2\pi\times k_a}{T}\right) & \sin\left(n\frac{2\pi\times k_a}{T}\right)\end{bmatrix} \tag{8-27}$$

经过以上五个步骤的计算所得到的 $t+1$ 时刻的预测值 $\hat{y}_*^{(0)}(t+1)$就可以作为第 i 个供应商关于属性 j 的评价值 $\beta_{i,j}(t+1)$，即满足关系式：

$$\beta_{i,j}(t+1)=\hat{y}_*^{(0)}(t+1) \tag{8-28}$$

8.3.3 基于动态 VIKOR 的供应商综合评价方法

VIKOR(Vlse Kriterijumska Optimizacija Kompromisno Resenje)决策方法是由南斯拉夫学者 Opricovic 和中国台湾学者 Tzeng 联合首次提出的一种多属性决策模型。与 TOPSIS 具有一定类似性，VIKOR 也是基于正负理想点的决策方法，但 VIKOR 兼顾到各属性之间可能具有相互冲突性而试图寻找一个妥协式的折中解(trade-off)。由于 VIKOR 用于决策时考虑问题更贴近实际而受到越来越广泛的关注，因此将 VIKOR 模型用于供应商的供货评价中。

利用 VIKOR 决策方法评价和优选供应商的具体步骤如下。

步骤 1 确定正负理想解。对于部件 p 而言，m 个供应商中关于第 j 个属性在第 t 次供货时期评价值的正理想解为

$$\eta_j^+ = \{\max_t[\max_i(\beta_{i,j}(t))] \mid j=1,2,\cdots,n;t=1,2,\cdots,T,T+1\} \tag{8-29}$$

负理想解为

$$\eta_j^- = \{\max_t[\max_i(\beta_{i,j}(t))] \mid j=1,2,\cdots,n;t=1,2,\cdots,T,T+1\} \tag{8-30}$$

式中，$\beta_{i,j}(t+1)$的值由 8.3.2 节的伯努利预测方法得到，即 $\beta_{i,j}(t+1)=\hat{y}_*^{(0)}(t+1)$。

步骤 2 计算各供应商在各个供货时期的最大效用值 $\chi_i(t)$ 和最小遗憾值 $\psi_i(t)$：

$$\chi_i(t) = \sum_{j=1}^{n} w_j(\eta_j^+ - \beta_{i,j}(t))/(\eta_j^+ - \eta_j^-) \tag{8-31}$$

$$\psi_i(t) = \max_j[w_j(\eta_j^+ - \beta_{i,j}(t))/(\eta_j^+ - \eta_j^-)] \tag{8-32}$$

仿照步骤 1，式中各供应商在各个供货时期的最大效用值 $\chi_i(t)$ 的正确理想解和负理想解分别设为 χ^+ 和 χ^-，各供应商在各个供货时期的最小遗憾值 $\psi_i(t)$ 的正理想解和负理想解分别设为 ψ^+ 和 ψ^-，其中

$$\chi^+ = \max_t[\max_i(\chi_i(t))],\quad \chi^- = \min_t[\min_i(\chi_i(t))]$$

$$\psi^- = \min_t[\min_i(\psi_i(t))],\quad \psi^+ = \max_t[\max_i(\psi_i(t))]$$

步骤 3 计算各供应商 i 在第 t 次供货时期的 VIKOR 值 $\theta_i(t)$：

$$\theta_i(t) = \sigma(t)\left[\frac{\chi_i - \chi^-}{\chi^+ - \chi_i}\right] + (1-\sigma(t))\left[\frac{\psi_i - \psi^-}{\psi^+ - \psi_i}\right] \tag{8-33}$$

式中，σ 为决策机制系数，若 σ 大于 0.5，则表示根据最大化群体效益所占比例最大的方式来制定决策；若 σ 近似 0.5，则表示根据均衡折中的方式来制定决策；若 σ 小于 0.5，则表示根据最小化个别遗憾占比较大的方式来制定决策。

在决策环境中，我们根据供货时期动态设定 σ 取值，记为 $\sigma(t)$。综合而言，$\theta_i(t)$值越大，说明供应商在同一时期与其他供应商相比综合评价越高，供货质量越高。

步骤 4　计算各供应商 i 的综合评价值。参照历史数据并结合预测值对供应商进行全面的评价，得到供应商的综合评价值 v_i 为

$$v_i = \sum_{t=1}^{T+1} \theta_i(t) \tag{8-34}$$

v_i 值越大，说明供应商在整个供货历史及未来的发展趋势中所具有的竞争力和供货质量就越优。

8.3.4　从 Pareto 前沿中优选供应商的实施方法

本章的供应商评价涉及多个部件，而每个部件又对应多个供应商，因此需要对为每种部件进行供货的多个供应商进行评价。假设经 ε-SPEA2 优化并得到 Opt_num 个 Pareto 最优解所代表的产品部件组合方案。此时，部件 $p(1\leqslant p\leqslant M$，$M$ 是产品的部件数量)对应的供应商数量被缩小到 Z_p 个，即 $Z_p\leqslant N_p$（N_p 是 8.2.1 节中未经 ε-SPEA2 优化的能提供部件 p 的供应商数量）。对于任意部件 p 而言，首先按照 8.3.1 节的评价方式对 Z_p 个供应商在不同供货时期的各评价属性进行评价。利用伯努利预测模型预测后结合历史供货评价数据，按照式(8-34)计算得到 Z_p 个供应商的评价值，第 $I_p(1\leqslant I_p\leqslant Z_p)$个供应商的评价值记为 v_{I_p}。对 Z_p 个供应商进行优劣排序从而为部件 p 选择最优的供应商 V_p^*。如此循环 M 次，对 Opt_num 个 Pareto 解所涉及的供应商进行优选，直到获得每个部件最佳的供应商组成矢量$[V_1^*, V_2^*, \cdots, V_p^*, \cdots, V_M^*]$为止。

第9章

大批量定制产品设计制造应用案例

目前，涵盖产品设计、制造与供应链的大批量定制技术已经在现代企业界得到了广泛应用。本章介绍大批量定制技术的一些典型应用案例。通过这些案例的介绍，可以看出大批量定制技术不仅是书本上、论文中讨论的概念，而且已经切实存在于现实生活和工作中；实现大批量定制技术，既有技术方面的问题，也有管理方面的问题，需要将两者结合起来系统地加以考虑，才能真正体现大批量定制技术的优越性；大批量定制技术与其他先进技术（网络技术、智能计算）有十分紧密的联系与相似之处。

9.1 数控加工中心的细分需求建模

9.1.1 数控加工中心的细分需求建模的应用背景

数控加工中心种类多，市场需求量大，客户需求的差异性较明显。研究客户群的需求特点并有针对性地提取数控加工中心的质量特性，是企业进行数控加工中心大批量定制的基础，可以帮助企业更有效地面向特定细分市场提供满足客户需求的数控加工中心。

9.1.2 数控加工中心客户需求群划分

针对数控加工中心的特点，首先由客户和企业技术人员分别给出各自选出的客户需求特征，然后分析各需求特征之间的关系，通过对初选的需求特征进行筛选，最后选定客户需求选取价格、结构类型、加工精度等 8 个需求特征。需求特征及其取值参照表 9-1 的规定，各需求特征的权重如表 9-2 所示。以编号为 KHBH-ZJ-20040042 的客户需求为例，其对产品的需求可以用需求物元形式表示如下：

$$
CU=\begin{bmatrix}
CR_{KHBH\text{-}ZJ\text{-}20040042} & \text{Identify\_Attrib} & \text{CU\_KHBH-ZJ-20040042}\\
 & \text{价格} & [1.2,1.6]\\
 & \text{结构类型} & 3\\
 & \text{加工精度} & [300,400]\\
 & \text{加工效率} & 2\\
 & \text{维护成本} & 4\\
 & \text{设备噪声} & 1\\
 & \text{能耗情况} & 4\\
 & \text{自动化程度} & 3
\end{bmatrix}
$$

表 9-1　需求特征取值对照表

需求特征	特征量值	量值描述
价格(r_1)/万元	[0.1,50000]	0.1～50000 万元之间的区间数
结构类型(r_2)	{1,2,3}	对应{卧式,立式,龙门式}
加工精度(r_3)	{1,2,3,4,5}	对应{极低,较低,一般,较高,极高}
加工效率(r_4)	{1,2,3,4,5}	对应{极低,较低,一般,较高,极高}
维护成本(r_5)	{1,2,3,4,5}	对应{极小,较小,一般,较高,极高}
设备噪声(r_6)	{1,2,3,4,5}	对应{极小,较小,一般,较高,极高}
能耗情况(r_7)	{1,2,3,4,5}	对应{极低,较低,一般,较高,极高}
自动化程度(r_8)	{1,2,3,4,5}	对应{极低,较低,一般,较高,极高}

表 9-2　需求特征权重

需求特征	r_1	r_2	r_3	r_4	r_5	r_6	r_7	r_8
权重	0.2214	0.0437	0.1456	0.1742	0.1185	0.0812	0.1305	0.0849

选取浙江省的 20 个客户的需求数据进行分析,结果如表 9-3 所示。

表 9-3　客户需求特征数据

客户序号	r_1	r_2	r_3	r_4	r_5	r_6	r_7	r_8
1	[120,160]	3	3	3	4	2	5	2
2	[26,30]	2	3	4	2	4	1	5
3	[38,39]	1	4	3	2	2	1	1
⋮	⋮	⋮	⋮	⋮	⋮	⋮	⋮	⋮
19	[15,22]	2	3	1	2	3	2	5
20	[0.8,2.1]	2	2	3	2	4	1	2

将 20 个客户需求作为数据对象随机分布在 30×30 的二维网格上，设定种群规模 $Num_{ant}=40$，循环次数 $T_{max}=300$，$\alpha=0.45$，$\lambda=3$。在蚂蚁移动过程中将 2×2 的网格区域作为局部面积，在该区域上的数据对象隐含了对象的相似性。蚂蚁的移动速度 $v_{min}=1.8$，$v_{max}=5$。经过运算，聚类结果如图 9-1 所示。平均聚类适度值 ζ 的变化情况如图 9-2 所示，从图中可知，ζ 收敛于 0.8102，说明所得聚类结果是最优聚类。由此，可将浙江省的 20 个客户细分为 4 个客户群，其聚类划分为{1,4,6,7,12,16,18}，{3,11,15,17}，{9,10,14,19}和{2,5,8,13,20}。

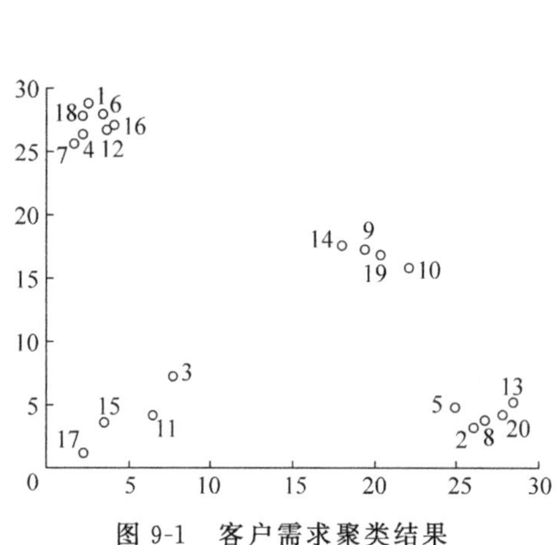

图 9-1　客户需求聚类结果

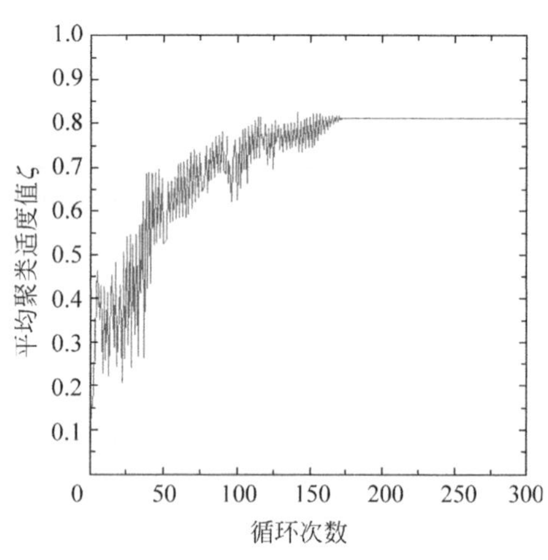

图 9-2　平均聚类适度值变化趋势

9.1.3　数控加工中心质量特性提取

为满足特定客户群的需求，企业有必要从客户需求中提取产品质量特性，以设计并生产出符合该客户群要求的定制产品。现以 9.1.2 节的客户需求群划分结果为基础，选取客户群体{3,11,15,17}为研究对象，提取相应的产品质量特性，从而提供产品设计依据。

通过分析该客户群的需求特征及其量值，归纳得出以下五项客户需求：加工效率一般（CR_1），维护成本较小（CR_2），设备噪声较小（CR_3），能耗低（CR_4），自动化程度低（CR_5）。根据上述客户需求确定相应的六项质量特性为：主轴电机功率（EC_1），最大输出扭矩（EC_2），进给电机功率（EC_3），控制方式（EC_4），导轨形式（EC_5），刀库规格（EC_6）。

按照评价信息转化规则，将客户对需求特征的评价转化为客户信念度结构表达。转化后的评价结果如表 9-4 所示。为表示方便，各信念度的百分比直接采用小数表示。

表 9-4 客户需求特征的评价信念度

客户需求(CR)	客户需求群			
	客户 3(CUS_1)	客户 11(CUS_2)	客户 15(CUS_3)	客户 17(CUS_4)
CR_1	(8,1)	(8,1)	(8,0.8) (6,0.2)	(8,1)
CR_2	(8,0.7) (6,0.3)	(6,0.8) (4,0.2)	(8,0.6) (6,0.4)	(8,0.7) (6,0.3)
CR_3	(6,0.8) (4,0.1) (0,0.1)	(2,0.5) (0,0.5)	(4,0.6) (2,0.3) (0,0.1)	(2,0.5) (0,0.5)
CR_4	(8,0.3) (6,0.6) (4,0.1)	(8,0.4) (6,0.6)	(6,1)	(2,1)
CR_5	(4,0.8) (2,0.2)	(2,1)	(4,1)	(0,1)

通过对客户价值判断分析，确定四位客户重要性权值分别为 $\eta_1=0.3$，$\eta_2=0.3$，$\eta_3=0.2$，$\eta_4=0.2$；可得客户群对 CR_i 的评价期望效用值为 $Z(CR_1)=6.92$，$Z(CR_2)=5.82$，$Z(CR_3)=2.3$，$Z(CR_4)=4.59$，$Z(CR_5)=2.1$；可得各客户需求的重要度为 $w_1=0.32$，$w_2=0.26$，$w_3=0.11$，$w_4=0.21$，$w_5=0.1$。

为进一步分析质量特性，确定出参与产品研发的四位 QFD 团队专家 EX_1、EX_2、EX_3、EX_4 的权重依次为 $\vartheta_1=0.2$，$\vartheta_2=0.3$，$\vartheta_3=0.1$，$\vartheta_4=0.4$。QFD 团队专家 EX_1、EX_2、EX_3、EX_4 评价五项需求与六项质量特性关联关系的证据信念度如表 9-5 所示。可得 $Z(EC_1)=5.72$，$Z(EC_2)=6.04$，$Z(EC_3)=4.57$，$Z(EC_4)=2.68$，$Z(EC_5)=3.71$，$Z(EC_6)=1.83$。由此得到质量特性的初始重要度为 $\tilde{\omega}_1=0.23$，$\tilde{\omega}_2=0.25$，$\tilde{\omega}_3=0.19$，$\tilde{\omega}_4=0.11$，$\tilde{\omega}_5=0.15$，$\tilde{\omega}_6=0.07$。

表 9-5 客户需求与质量特性的信念度

需求特征	专家团队	EC_1	EC_2	EC_3	EC_4	EC_5	EC_6
CR_1	EX_1	(8,1)	(8,0.7) (6,0.3)	(8,0.8) (4,0.2)	(6,0.1) (4,0.9)	(4,0.7) (2,0.3)	(1,0.7) (0,0.3)
	EX_2	(8,0.8) (6,0.2)	(8,0.8) (4,0.2)	(6,0.7) (4,0.3)	(6,0.6) (4,0.3) (2,0.1)	(6,0.1) (4,0.5) (2,0.4)	(6,0.1) (4,0.2) (2,0.7)

续表

需求特征	专家团队	EC_1	EC_2	EC_3	EC_4	EC_5	EC_6
CR_1	EX_3	(8,0.7) (4,0.3)	(8,0.6) (6,0.3) (4,0.1)	(8,0.6) (6,0.2) (4,0.2)	(4,0.8) (2,0.2)	(6,0.4) (4,0.6)	(2,1)
	EX_4	(8,1)	(8,1)	(6,0.8) (4,0.2)	(6,0.5) (4,0.5)	(6,0.2) (4,0.8) (6,0.2)	(6,0.2) (4,0.7) (2,0.1)
⋮	⋮	⋮	⋮	⋮	⋮	⋮	⋮
CR_5	EX_1	(8,0.8) (6,0.1) (4,0.1)	(8,0.7) (4,0.3)	(8,0.7) (6,0.3)	(6,0.7) (4,0.2) (2,0.1)	(6,0.8) (4,0.2)	(4,0.6) (2,0.2) (0,0.2)
	EX_2	(8,0.9) (6,0.1)	(8,0.8) (6,0.2)	(8,0.5) (6,0.3) (4,0.2)	(6,0.9) (4,0.1)	(4,1)	(4,0.5) (2,0.3) (0,0.2)
	EX_3	(8,0.8) (6,0.1) (4,0.1)	(8,0.7) (6,0.2) (2,0.1)	(8,0.7) (6,0.3)	(8,0.2) (6,0.5) (4,0.3)	(4,0.9) (2,0.1)	(4,0.8) (2,0.2)
	EX_4	(8,0.8) (6,0.2)	(8,0.9) (6,0.1)	(8,0.6) (6,0.2) (4,0.2)	(8,0.7) (6,0.3)	(8,0.1) (6,0.2) (4,0.7)	(6,0.1) (4,0.2) (2,0.7)

QFD团队根据五项客户需求，分别确定出六项质量特性的五个自相关矩阵，即 $\boldsymbol{T}^1$、$\boldsymbol{T}^2$、$\boldsymbol{T}^3$、$\boldsymbol{T}^4$、$\boldsymbol{T}^5$。将其进行归一化后得到统一自相关矩阵 $\boldsymbol{T}^{\mathrm{U}}$。限于篇幅，下面直接给出结果。

$$\boldsymbol{T}^{\mathrm{U}}=\sum_{i=1}^{5}w_i\boldsymbol{T}^i=\begin{bmatrix}8 & 5.33 & 6.36 & 5.48 & 2.12 & 4.32\\5.33 & 8 & 5.34 & 4.86 & 1.34 & 5.08\\6.36 & 5.34 & 8 & 3.85 & 4.96 & 1.12\\5.48 & 4.86 & 3.85 & 8 & 4.27 & 3.88\\2.12 & 1.34 & 4.96 & 4.27 & 8 & 5.13\\4.32 & 5.08 & 1.12 & 3.88 & 5.13 & 8\end{bmatrix}$$

故 $\boldsymbol{T}^{\mathrm{U}}=[T_{jk}^{\mathrm{U}}]_{n\times n}$ 中的每个元素 T_{jk}^{U} 满足关系式 $T_{jk}^{\mathrm{U}}=\sum_{i=1}^{5}w_iT_{jk}^i$。因此对于统一矩阵 $\boldsymbol{T}^{\mathrm{U}}$ 的每个元素 T_{jk}^{U} 而言，将 $\{T_{jk}^1, T_{jk}^2, T_{jk}^3, T_{jk}^4, T_{jk}^5\}$ 作为其属性集合后再利用证据推理算法获得 T_{jk}^{U} 的评价值。由此可得质量特性 EC_j 与质量特性 EC_k 之间的关联强度矩阵为

$$\boldsymbol{\Omega}=\begin{bmatrix}8 & 4.76 & 6.48 & 5.11 & 1.78 & 5.06\\4.76 & 8 & 4.77 & 5.03 & 2.13 & 5.49\\6.48 & 4.77 & 8 & 2.54 & 4.68 & 1.44\\5.11 & 5.03 & 2.54 & 8 & 3.57 & 4.61\\1.78 & 2.13 & 4.68 & 3.57 & 8 & 5.47\\5.06 & 5.49 & 1.44 & 4.61 & 5.47 & 8\end{bmatrix}$$

则可得质量特性的重要度为

$$\boldsymbol{W}=[5.45,5.26,5.28,4.66,3.81,4.69]$$

归一化后可得

$$\boldsymbol{W}'=[0.19,0.18,0.18,0.16,0,13,0.16]$$

9.1.4　数控加工中心质量特性优化

在客户需求到质量特性的转换过程中，考虑以成本、客户需求实现水平、技术成熟度、资源占用为约束，通过建立整数规划模型，实现质量特性的最优决策。

以成本为定量约束，假定每项质量特性实现的成本上限为 2000 元，企业关于每项质量特性的标准成本为 SC 则所考察质量特性的实际单位成本为 $AC=W'\cdot SC$，结果如表 9-6 所示。

表 9-6　产品质量特性的单位成本

成本 \ 质量特性	EC_1	EC_2	EC_3	EC_4	EC_5	EC_6
SC/元	780	540	1350	1080	1750	950
AC/元	148.2	97.2	243	172.8	227.5	152

以客户需求实现水平、技术成熟度、资源占用为定量约束，为考虑产品质量特性在实现过程中受定性约束的影响程度，以权重 w_c、w_t、w_r 描述各个定性约束对于产品质量特性实现的重要度，结果如表 9-7 所示。

表 9-7　质量特性受定性约束的影响权重

权重 \ 质量特性	EC_1	EC_2	EC_3	EC_4	EC_5	EC_6
w_c	0.131	0.176	0.124	0.249	0.075	0.245
w_t	0.253	0.164	0.338	0.052	0.087	0.106
w_r	0.178	0.261	0.054	0.179	0.136	0.192

由技术专家分析确定成本、客户需求实现水平、技术成熟度、资源占用以及质量特性提取目标的权重分别为 0.117、0.315、0.221、0.144、0.203。建

立数控加工中心的质量特性提取整数规划模型如下：

$$\min(0.117/2000)d_1^+ + 0.318d_2^- + 0.421d_3^- + 0.144d_4^- + 0.203d_5^-$$

$$\text{s.t.}\ 148.2x_1 + 97.2x_2 + 243x_3 + 172.8x_4 + 227.5x_5 + 152x_6 + d_1^- - d_1^+ = 2000$$

$$0.131x_1 + 0.176x_2 + 0.124x_3 + 0.249x_4 + 0.075x_5 + 0.245x_6 + d_2^- - d_2^+ = 1$$

$$0.253x_1 + 0.164x_2 + 0.338x_3 + 052x_4 + 0.087x_5 + 106x_6 + d_3^- - d_3^+ = 1$$

$$0.178x_1 + 0.261x_2 + 0.054x_3 + 0.179x_4 + 0.136x_5 + 0.192x_6 + d_4^- - d_4^+ = 1$$

$$0.19x_1 + 0.18x_2 + 0.18x_3 + 0.16x_4 + 0.13x_5 + 0.16x_6 + d_5^- - d_5^+ = 1$$

$$x_i \in \{0,1\}, d_j^- \geqslant 0, d_j^+ \geqslant 0$$

对上述模型求解可得结果如表 9-8 所示。

表 9-8　整数规划模型求解结果

质量特性	EC_1	EC_2	EC_3	EC_4	EC_5	EC_6
规划结果	1	1	1	1	0	1

因此，确定从客户需求中所提取的最优产品质量特性为主轴电机功率（EC_1）、最大输出扭矩（EC_2）、进给电机功率（EC_3）、控制方式（EC_4）和刀库规格（EC_6）。

9.1.5　应用效果分析

本实例根据数控加工中心客户需求的可拓特性，采用物元蚁群聚类进行了数控机床的客户需求聚类，实现了对数控加工中心客户需求群的细分；采用基于证据推理的细分需求群质量特性提取方法，通过对评价信息和评价证据的融合与递归推理，求解了数控加工中心客户需求重要度、质量特性初始重要度和质量特性自相关关系以降低决策过程中不精确、不完备和不确定信息的干扰，成功构建了数控加工中心优化决策的整数规划模型，实现了从数控加工中心细分需求群优化中提取数控加工中心的质量特性。

9.2　立体停车库的需求映射与模块配置

9.2.1　立体停车库的需求映射与模块配置的应用背景

国民经济的高速发展以及我国城市化水平的不断加快，使得城市的交通拥挤状况日益突出。由于车辆不断增多，“停车难”便成为汽车消费迅速增长带来的突出现象。针对这样的问题，起源于日本、美国等发达国家的机械式立体车库便开始传入我国，其发展速度相当惊人。使用车辆之外其他带有动力的搬运器完成车辆停放、存储工作的整个设施称为机械停车库，机械停车库内用于搬运、停放汽车的机械设备总称为机械停车设备。以立体化形式存放车辆的机械式停车库则叫作机械式立体停车库，它包含了当前机械、电子、液压、光学、磁控技术领域的成熟先进技术，是一种技术密集型的机电一体化设备。机械式停车设备行业是我国一个新兴行业，具有非常强的活力和发展前景。立体停车库种类多，市场需求量大，客户需求的差异性较明显。实现立体停车库的需求映射，是企业进行立体停车库大批量定制的关键和基础。同时，立体停车库模块配置是实现立体停车库大批量定制的关键技术之一，是根据客户需求，预定义部件集合以及它们之间的相互约束关系，通过部件之间的合理组合，形成满足客户个性化需求的立体停车库设计过程。

9.2.2　立体停车库产品客户需求模型

（1）根据企业订单获取机械式停车设备的客户需求，如表 9-9 所示。

表 9-9　立体停车库客户需求

<table>
<tr><td rowspan="6">功能性需求</td><td rowspan="2">节能环保</td><td>能耗小</td></tr>
<tr><td>污染小</td></tr>
<tr><td>计时收费</td><td>计时收费系统完善</td></tr>
<tr><td>停放大车</td><td>容车规格大(5500mm×2200mm×2000mm)</td></tr>
<tr><td rowspan="2">可应付高峰期车流量</td><td>容车量大(大于 200 个车位)</td></tr>
<tr><td>控制系统优越</td></tr>
<tr><td rowspan="10">特性类需求</td><td rowspan="3">出入库速度快</td><td>控制系统优越</td></tr>
<tr><td>运行速度快</td></tr>
<tr><td>布局合理</td></tr>
<tr><td rowspan="2">土地利用率高</td><td>布局合理</td></tr>
<tr><td>空间利用率高</td></tr>
<tr><td rowspan="2">出入库方便</td><td>乘人方式方便</td></tr>
<tr><td>出入库方式方便</td></tr>
<tr><td rowspan="3">运行稳定</td><td>电机运行稳定</td></tr>
<tr><td>导轨运行稳定</td></tr>
<tr><td>链条运行稳定</td></tr>
<tr><td rowspan="5">安全性需求</td><td>操作安全</td><td>人防系统完善</td></tr>
<tr><td rowspan="2">运行安全</td><td>维保系统完善</td></tr>
<tr><td>监控系统完善</td></tr>
<tr><td rowspan="2">车库安全</td><td>监控系统完善</td></tr>
<tr><td>消防排水系统完善</td></tr>
<tr><td rowspan="2">结构性需求</td><td>升降横移类</td><td>升降横移类</td></tr>
<tr><td>自动与手动双控制</td><td>自动与手动双控制</td></tr>
</table>

（2）按照客户需求建模方法建立立体停车库产品的客户需求层次模型，如图 9-3 所示。

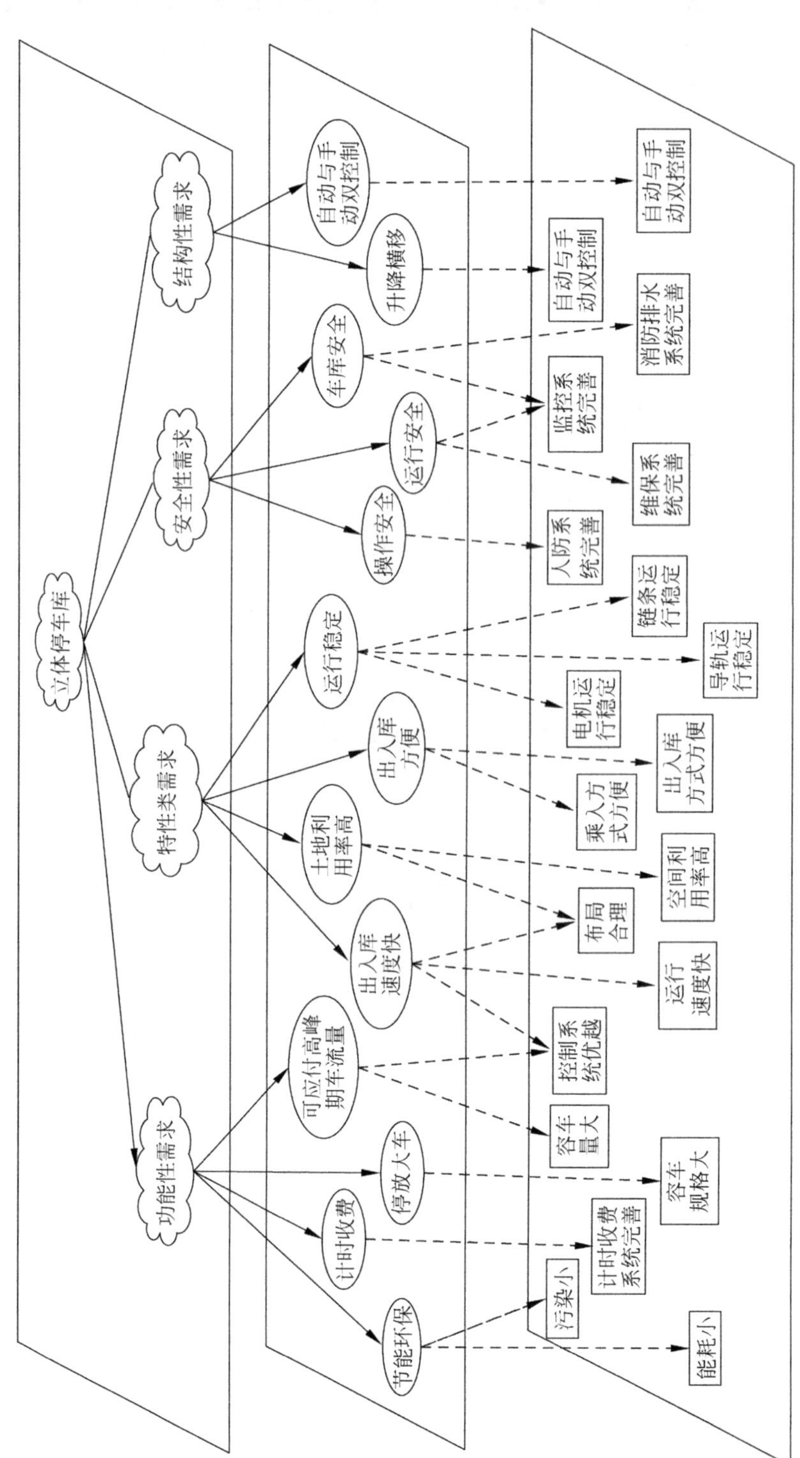

图 9-3　立体停车库客户需求层次模型

图中虚线表示客户需求映射过程，包括分解、聚合和派生操作。

9.2.3　立体停车库客户需求到技术需求映射

本节在 9.2.2 节立体停车库需求模型的基础上实现客户需求到技术需求的映射。

(1) 构建客户需求的重要度矩阵。根据表 9-9 分解后的客户需求，结合表 9-10 的评分标准确定各需求项两两间的重要度，构建相关重要度矩阵如表 9-11 所示。

表 9-10　比较标准意义

标准值	定义	说明
0.1	绝对重要	因素 x_j 的重要性绝对高于 x_i
0.138	强烈重要	因素 x_j 的重要性强烈高于 x_i
0.325	明显重要	因素 x_j 的重要性明显高于 x_i
0.439	稍微重要	因素 x_j 的重要性稍微高于 x_i
0.5	同样重要	因素 x_i 与 x_j 的重要性相同
0.561	稍微重要	因素 x_i 的重要性稍微高于 x_j
0.675	明显重要	因素 x_i 的重要性明显高于 x_j
0.862	强烈重要	因素 x_i 的重要性强烈高于 x_j
0.9	绝对重要	因素 x_i 的重要性绝对高于 x_j

表 9-11　客户需求相关重要度矩阵

客户需求	能耗小	污染小	计时收费系统完善	容车规格大	容车量大	控制系统优越	运行速度快	布局合理	空间利用率高	乘入方式方便	出入库方式方便	……	自动与手动双控制
能耗小	0.5	0.561	0.5	0.325	0.439	0.439	0.5	0.325	0.138	0.561	0.561	…	0.138
污染小	0.439	0.5	0.439	0.325	0.325	0.138	0.325	0.1	0.439	0.5	0.5	…	0.138
计时收费系统完善	0.5	0.561	0.5	0.5	0.5	0.138	0.5	0.138	0.325	0.5	0.5	…	0.439
容车规格大	0.675	0.675	0.5	0.5	0.5	0.5	0.5	0.1	0.138	0.826	0.826	…	0.5
容车量大	0.561	0.675	0.5	0.5	0.5	0.5	0.826	0.561	0.561	0.9	0.9	…	0.826
控制系统优越	0.561	0.862	0.862	0.5	0.5	0.5	0.675	0.5	0.5	0.826	0.9	…	0.561
运行速度快	0.5	0.675	0.5	0.5	0.174	0.325	0.5	0.138	0.325	0.325	0.675	…	0.325
布局合理	0.675	0.9	0.862	0.9	0.439	0.5	0.862	0.5	0.5	0.9	0.9	…	0.561
空间利用率高	0.862	0.561	0.675	0.862	0.439	0.5	0.675	0.5	0.5	0.9	0.829	…	0.675
乘入方式方便	0.439	0.5	0.5	0.174	0.1	0.174	0.675	0.1	0.1	0.5	0.561	…	0.439
出入库方式方便	0.439	0.5	0.5	0.174	0.1	0.1	0.325	0.1	0.171	0.439	0.5	…	0.5
电机运行稳定	0.439	0.862	0.561	0.561	0.325	0.325	0.561	0.325	0.439	0.561	0.675	…	0.5

续表

客户需求	能耗小	污染小	计时收费系统完善	容车规格大	容车量大	控制系统优越	运行速度快	布局合理	空间利用率高	乘入方式方便	出入库方式方便	……	自动与手动双控制
导轨运行稳定	0.439	0.675	0.5	0.561	0.325	0.439	0.261	0.174	0.439	0.561	0.675	…	0.5
链条运行稳定	0.439	0.561	0.5	0.561	0.325	0.325	0.561	0.325	0.439	0.561	0.675	…	0.5
人防系统完善	0.439	0.675	0.675	0.5	0.325	0.5	0.561	0.439	0.325	0.675	0.561	…	0.561
监控系统完善	0.439	0.675	0.5	0.5	0.439	0.325	0.862	0.439	0.5	0.862	0.862	…	0.675
维保系统完善	0.439	0.675	0.561	0.561	0.439	0.439	0.561	0.439	0.439	0.675	0.675	…	0.561
消防排水系统完善	0.439	0.675	0.5	0.5	0.325	0.5	0.675	0.325	0.325	0.675	0.675	…	0.675
升降横移类	0.675	0.561	0.439	0.439	0.325	0.174	0.439	0.174	0.1	0.5	0.5	…	0.5
自动与手动双控制	0.862	0.862	0.561	0.5	0.174	0.439	0.675	0.439	0.325	0.561	0.5	…	0.5

（2）计算得到客户需求权重，K＝{0.047，0.034，0.044，0.050，0.066，0.064，0.041，0.069，0.066，0.034，0.031，0.050，0.048，0.050，0.051，0.060，0.053，0.054，0.036，0.050}。

（3）根据 QFD 确定立体停车库的技术需求，包括：车位数、土建结构、最大容车尺寸、载车板参数、控制方式、引导方式、驱动方式、传动方式、升降横移速度、安全等级、消防等级、防盗等级、排水等级、结构形式、提升方式、布置结构、管理方式和装饰等级等。然后确定客户需求与技术需求的相关度矩阵如表 9-12 所示。

表 9-12　立体停车库客户需求与技术需求相关度矩阵

客户需求 \ 技术需求	车位数	土建结构	最大容车尺寸	载车板参数	控制方式	引导方式	驱动方式	传动方式	升降横移速度	安全等级	消防等级	防盗等级	排水等级	结构形式	提升方式	布置结构	管理方式	装饰等级
外观优美	1	3	0	0	0	3	0	0	0	0	3	0	0	0	0	1	0	9
能耗小	3	3	9	3	9	0	9	9	9	1	0	0	0	9	9	1	1	1
污染小	0	1	0	3	0	0	0	0	0	0	3	0	3	0	0	0	3	3
计时收费系统完善	1	0	3	0	0	0	0	0	0	0	0	1	0	0	0	0	9	0
容车规格大	0	0	9	9	1	0	1	3	3	0	0	0	0	1	3	1	1	0
容车量大	9	9	0	0	9	0	0	0	3	0	3	0	3	9	1	9	1	1
控制系统优越	3	3	0	0	9	0	1	1	3	3	0	0	0	9	9	3	1	0
运行速度快	1	0	0	0	3	0	3	3	9	0	0	0	0	3	9	1	0	0
布局合理	3	9	0	0	0	0	0	0	0	0	3	3	3	0	0	9	3	1
空间利用率高	3	9	0	0	0	0	0	0	0	3	3	3	3	1	0	9	1	1

续表

技术需求 / 客户需求	车位数	土建结构	最大容车尺寸	载车板参数	控制方式	引导方式	驱动方式	传动方式	升降横移速度	安全等级	消防等级	防盗等级	排水等级	结构形式	提升方式	布置结构	管理方式	装饰等级
乘人方式方便	0	9	0	0	0	3	0	0	0	0	0	0	0	1	0	9	0	0
出入库方式方便	0	9	1	0	0	9	0	0	0	0	0	0	0	0	0	3	1	0
电机运行稳定	0	0	0	0	3	0	3	3	3	0	0	0	0	1	3	0	0	0
导轨运行稳定	0	0	0	0	3	0	3	3	3	0	0	0	0	1	3	0	0	0
链条运行稳定	0	0	0	0	3	0	3	3	9	0	0	0	0	9	9	0	0	0
人防系统完善	0	0	0	0	0	0	0	0	1	9	0	1	1	0	0	0	1	1
故障诊断系统完善	0	0	0	3	0	0	0	0	3	1	1	1	1	0	0	1	9	0
维保系统完善	0	0	0	3	0	0	0	0	3	1	1	1	1	0	0	1	9	0
防盗系统完善	0	3	0	0	0	0	0	0	0	1	1	9	1	0	0	1	3	0
消防系统完善	0	1	0	0	0	0	0	0	0	1	9	1	1	0	0	0	3	0
排水系统完善	0	3	0	0	0	0	0	0	0	1	1	1	9	0	0	0	1	0
链条驱动	0	0	0	0	0	0	9	0	0	0	0	0	0	0	0	0	0	0
双列布置结构	3	1	0	0	0	0	0	0	0	0	1	1	1	0	0	9	0	1
升降横移类	1	0	0	0	0	0	0	0	0	0	0	0	0	9	9	1	0	0
自动与手动双控制	0	0	0	0	9	0	3	3	1	3	0	0	0	1	1	0	1	0

（4）立体停车库技术需求的相对权重。根据客户需求的相对重要度值和客户需求与技术需求的相关度矩阵，计算得到各技术需求的相对权重如表 9-13 所示。

表 9-13　技术需求相对权重

技术需求	车位数	土建结构	最大容车尺寸	载车板参数	控制方式	引导方式	驱动方式	传动方式	升降横移速度	安全等级	消防等级	防盗等级	排水等级	结构形式	提升方式	布置结构	管理方式	装饰等级
相对权重	5.0	7.5	3.6	3.5	9.2	1.8	4.3	4.7	8.7	4.2	4.5	2.3	3.2	9.6	9.3	9.3	8.0	1.4

9.2.4　客户需求驱动的立体停车库配置设计

现以机械式立体停车库中钢架结构模块的匹配说明本方法的匹配。首先按客户需求确定立体停车库类型为 PSH2，通过产品级匹配得到产品级的实例型号为 PSHL{15T}-XI，然后对钢架结构进行模块级匹配。

（1）钢架结构匹配特征变量为 H_b、H_t、L_c、B_c、H_e、H_p、E_b，分别对应底

层高、顶层高、容车长度、列宽、出入口高度、地坑深度、边梁厚度，特征权重为

$$W = \{0.12, 0.08, 0.15, 0.15, 0.12, 0.20, 018\}$$

（2）构建钢架结构因素指标矩阵。5个钢架结构模块的实例为 $Case_1$、$Case_2$、$Case_3$、$Case_4$、$Case_5$，对应的因素指标矩阵为

$$\begin{array}{c} \\ Case_1 \\ Case_2 \\ Case_3 \\ Case_4 \\ Case_5 \end{array} \begin{array}{c} \begin{array}{ccccccc} H_b & H_t & L_c & B_c & H_e & H_p & E_b \end{array} \\ \begin{bmatrix} 1550 & 1550 & 4700 & 2300 & 1800 & 2000 & 3 \\ 1550 & 1550 & 5000 & 2350 & 1800 & 2050 & 3.5 \\ 1550 & 2050 & 5000 & 2400 & 1800 & 2200 & 4.5 \\ 2050 & 2050 & 5200 & 2450 & 1900 & 2200 & 4.5 \\ 2050 & 2050 & 5200 & 2600 & 2150 & 2300 & 5 \end{bmatrix} \end{array}$$

（3）确定需求特征变量。处理后技术需求特征值为

$$H_b = 1800, H_t = 2000, L_c = 5100, B_c = 2300, H_e = 2000,$$
$$H_p = 2100, E_b = 4$$

（4）显示匹配指标矩阵。将需求特征变量值与钢架结构实例属性值进行差运算，然后归一化处理得

$$\boldsymbol{\Delta} = \begin{bmatrix} 0.2000 & 0.4348 & 0.5000 & 0.0000 & 0.2353 & 0.1818 & 0.2857 \\ 0.2000 & 0.4348 & 0.1250 & 0.0000 & 0.2353 & 0.0909 & 0.1429 \\ 0.2000 & 0.0435 & 0.1250 & 0.1818 & 0.2353 & 0.1818 & 0.1429 \\ 0.2000 & 0.0435 & 0.1250 & 0.2727 & 0.1176 & 0.1818 & 0.1429 \\ 0.2000 & 0.0435 & 0.1250 & 0.5455 & 0.1765 & 0.3636 & 0.2857 \end{bmatrix}$$

（5）计算贴近度，结果见表9-14。

表 9-14　计算结果

模块实例	$Case_1$	$Case_2$	$Case_3$	$Case_4$	$Case_5$
欧式距离 d_{0i}	0.0767	0.0292	0.0325	0.0404	0.1694
贴近度 γ_{0i}	0.9233	0.9708	0.9675	0.9596	0.8306

可以得出贴近度最高的模块实例为 $Case_2$，即可将 $Case_2$ 的信息作为钢架结构的需求响应参考，这样匹配完所有模块后即可得到产品配置结果。

9.2.5　立体停车库定制产品配置结果的仿真

1. 立体停车库可视化仿真

前面几节以抽象的产品族结构树为模板，在一定的部件装配约束条件下，

按照产品结构层次，选择不同的部件组合实例，以完成客户某种特定需求，解决立体停车库在设计过程中经常会遇到处理产品变化（变型）的问题，得到具体的产品结构。本节根据立体停车库产品的主要功能和特点，结合企业需求实际，利用商品化三维 CAD 支撑软件提供的参数化设计语言、用户界面设计语言以及用户可编程特性等开发工具，对立体停车库进行受力分析、运动仿真等数字化性能分析设计。立体停车库产品专用分析系统框架如图 9-4 所示。

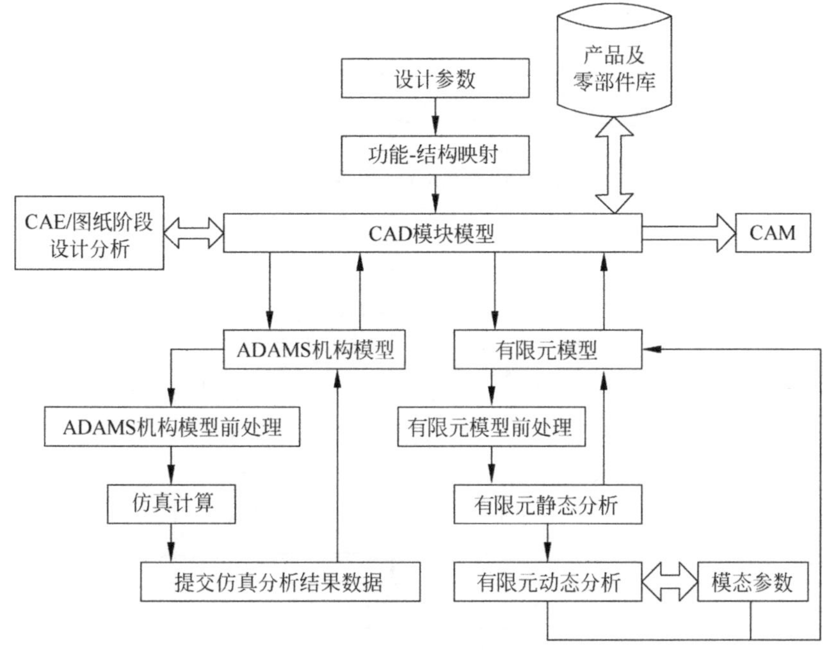

图 9-4　立体停车库产品专用分析系统框架

可视化仿真对立体停车库的工作过程进行运动学和动力学分析与仿真，然后根据仿真结果数据驱动虚拟空间中的停车库三维模型进行相应工作行为，直观地展示各关键部件的运动轨迹、与周边土建设施模型的干涉情况等，从而为设计人员进行停车库的布局设计提供参考。立体停车库可视化仿真模块主要通过通用后处理器和时间历经后处理器两个后处理器，以彩色等值线显示、梯度显示、矢量显示、粒子流迹显示、立体切片显示、透明及半透明显示等图形方式，或者以图表、曲线、动画等形式将立体停车库运动分析计算结果进行可视化仿真输出。立体停车库可视化仿真系统总体流程如图 9-5 所示，功能实现包括两个方面。

1）运动学和动力学仿真

通过仿真给出车库在工作过程中的如下信息：

（1）各项运动学和动力学行为参数，包括位移、速度、加速度、扭矩等信息；

（2）车库关键部件的位移轨迹；

（3）车库关键部件之间的干涉检查；

（4）车库运行时汽车与土建设施之间的干涉检查。

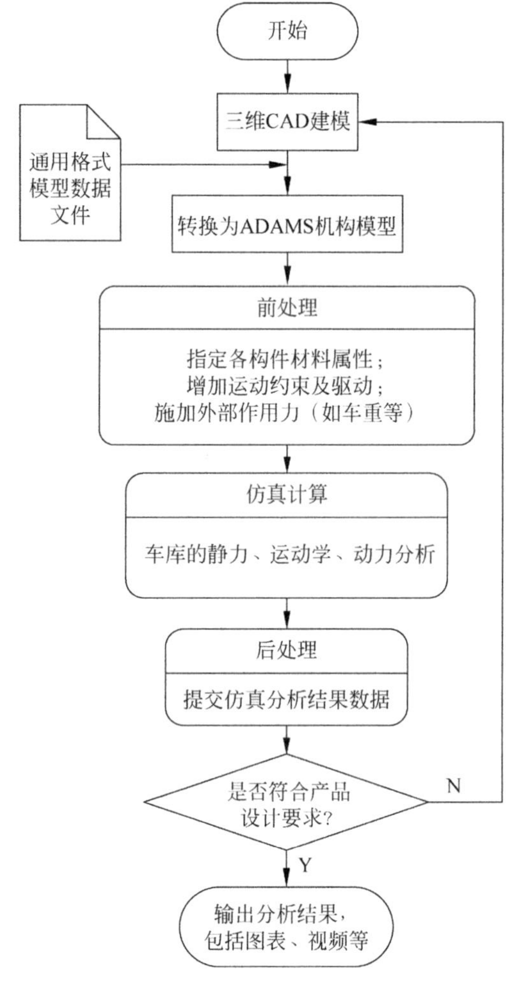

图 9-5　可视化仿真模块的工作流程

2）虚拟样机校验

虚拟样机校验是指校验虚拟样机的合法性，并报告虚拟样机的约束拓扑结构和零件拓扑结构信息。拓扑信息是对不合法的虚拟样机进行调试时的参考。校验虚拟样机是在对虚拟样机进行仿真前必不可少的步骤，具体如下。

（1）虚拟样机合法性校验。

合法性校验报告虚拟样机的零件数目、约束数目、自由度数目，并校验该虚拟样机的机构合法性，如图 9-6 所示。

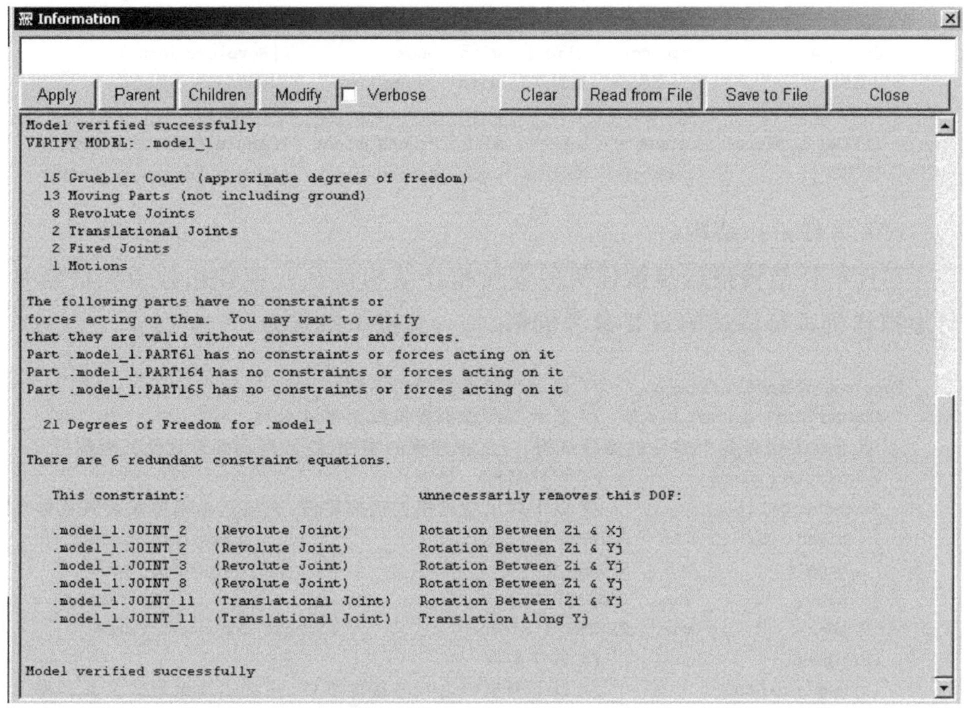

图 9-6　虚拟样机合法性校验结果图

报告格式为：

```
VERIFY MODEL: Garage                                    // 显示当前虚拟样机名称
  - 1 Gruebler Count (approximate degrees of freedom)
    4 Moving Parts (not including ground)               // 活动零件数目(不含机架)
    5 Revolute Joints                                   // 约束形式及其数目
    2 Degrees of Freedom for .Switch                    // 虚拟样机自由度数目
// 以下列表报告虚拟样机中存在的冗余约束方程
There are 3 redundant constraint equations.
    This constraint:                         unnecessarily removes this DOF:
    .Switch.JOINT_3   (Revolute Joint)       Rotation Between Zi & Xj
    .Switch.JOINT_3   (Revolute Joint)       Rotation Between Zi & Yj
    .Switch.JOINT_5   (Revolute Joint)       Rotation Between Zi & Yj
Model verified successfully          // 虚拟样机校验结论(successfully 或 unsuccessfully)
```

（2）约束拓扑结构。

约束拓扑结构报告虚拟样机的约束拓扑结构信息。约束拓扑结构信息是对虚拟样机进行调试的重要参考依据之一，其报告格式为：

```
Topology of model: Garage                                      // 显示当前虚拟样机名称
  Ground Part: ground_block                                    // 显示当前虚拟样机机架零件名称
// 以下列表报告当前虚拟样机的各个约束的类型及其所连接的零件名称
  JOINT_1          connects  pivot   with  ground_block  (Revolute Joint)
  JOINT_2          connects  pivot   with  handle        (Revolute Joint)
  JOINT_3          connects  handle  with  slider        (Revolute Joint)
  JOINT_4          connects  slider  with  hook          (Revolute Joint)
  JOINT_5          connects  hook    with  pivot         (Revolute Joint)
  CONTACT_1        connects  hook    with  ground_block  (Contact)
  SPRING_1.sforce  connects  hook    with  ground_block  (Single_Component_Force)
  SFORCE_1         connects  handle  with  ground_block  (Single_Component_Force)
```

(3) 零件拓扑结构。

零件拓扑结构报告虚拟样机的零件拓扑结构信息。零件拓扑结构信息是对虚拟样机进行调试的重要参考依据之一，其报告格式为：

```
Topology of model: Garage     // 显示当前虚拟样机名称
  Ground Part: ground_block   // 显示当前虚拟样机机架零件名称
// 以下列表报告各个零件的拓扑结构:与之相连接的零件、连接运动副形式及其名称
  Part ground_block           // 零件名称
  Is connected to:            // 以下列出与之相连接的零件、连接运动副形式及其名称
     pivot         via   JOINT_1                     (Revolute Joint)
     handle        via   SFORCE_1            (Single_Component_Force)
     hook          via   CONTACT_1                          (Contact)
     hook          via   SPRING_1.sforce     (Single_Component_Force)
  Part pivot                  // 零件名称
  Is connected to:            // 以下列出与之相连接的零件、连接运动副形式及其名称
     ground_block  via   JOINT_1                     (Revolute Joint)
     handle        via   JOINT_2                     (Revolute Joint)
     hook          via   JOINT_5                     (Revolute Joint)
  Part handle                 // 零件名称
  Is connected to:            // 以下列出与之相连接的零件、连接运动副形式及其名称
     pivot         via   JOINT_2                     (Revolute Joint)
     slider        via   JOINT_3                     (Revolute Joint)
     ground_block  via   SFORCE_1            (Single_Component_Force)
  Part hook                   // 零件名称
  Is connected to:            // 以下列出与之相连接的零件、连接运动副形式及其名称
     slider        via   JOINT_4                     (Revolute Joint)
     pivot         via   JOINT_5                     (Revolute Joint)
     ground_block  via   SPRING_1.sforce     (Single_Component_Force)
     ground_block  via   CONTACT_1                          (Contact)
  Part slider                 // 零件名称
  Is connected to:            // 以下列出与之相连接的零件、连接运动副形式及其名称
     handle        via   JOINT_3                     (Revolute Joint)
     hook          via   JOINT_4                     (Revolute Joint)
```

2. 立体停车库刚架结构受力分析

利用受力分析模块对立体停车库刚架结构进行线性静力分析，得到其受

外载荷作用所引起的位移和应力，从而判断刚架结构是否合理并对其进行优化设计。立体停车库刚架结构受力分析系统主要具有立体停车库刚架结构模型数据交换、稳定性分析、刚度分析、强度分析、模态分析功能。立体停车库刚架结构受力分析系统利用商业化三维 CAD 支撑软件(ANSYS)提供的参数化设计语言、用户界面设计语言以及用户可编程特性等开发工具，通过对立体停车库刚架体进行结构分析，得出刚架结构在载荷作用下的内力分布和位移情况，有根据地按强度条件和刚度条件来选择、验算刚架结构的几何尺寸。在出现动载荷作用的情况下，分析刚架在动载荷作用下的响应，确定刚架结构在动载荷作用下的位移、反力以及应力、应变等。

1) 立体停车库模型数据交换

立体停车库模型数据交换是利用 ANSYS 所提供的开发工具进行建模，获得正确的有限元网格模型，保证网格具有正确的形状，单元大小密度分布合理，适合于施加边界条件和载荷，保证变形后仍然具有合理单元形状，进而实现对立体停车库的受力分析、仿真分析。立体停车库 CAD 模型与立体停车库有限元模型之间交换数据的主要过程如图 9-7 所示。

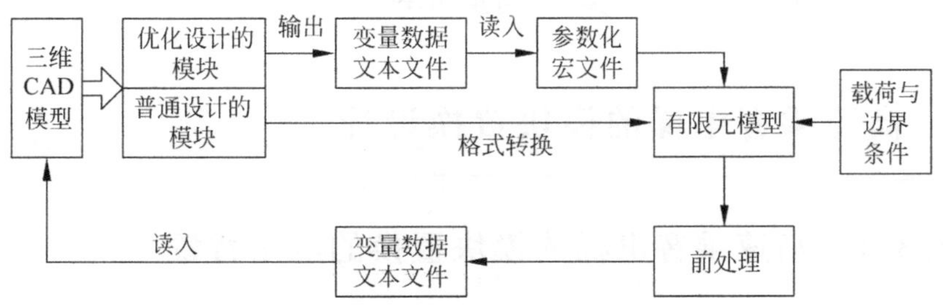

图 9-7　CAD 模型与有限元模型之间交换数据的主要过程

2) 刚架结构稳定性分析

立体停车库刚架结构稳定性分析是利用 ANSYS 所提供的开发工具进行立体停车库刚架结构稳定性分析，对立体停车库刚架结构的构件在压力作用下的受力情况进行仿真，模拟结构或构件由于平衡形式的不稳定性，从初始平衡位置转变到另一平衡位置发生失稳的极限情况，确定结构开始变得不稳定时的临界载荷和屈曲模态形状(即结构发生屈曲响应时的特征形状)，获得结构失稳形态和失稳路径，解决在各种类型的立体停车库设计过程中遇到的立体停车库刚架结构稳定性问题。

3) 刚架结构刚度分析

对立体停车库在载荷作用下的刚架结构变形情况进行仿真，模拟刚架结构变形过大，造成刚架结构中一些构件的相对位置发生变化。

4）刚架结构强度分析

可以根据初步设计好的刚架方案，分析得到整体结构在最大负载状况下的应力分布情况，有依据地对刚架结构中应力集中或应力较大的部位采取预防措施，进行相应的设计优化。

9.2.6 应用效果分析

本节根据立体停车库定制产品的客户需求信息特点与配置设计需求，建立了立体停车库的基于需求层次模型的定制产品需求模型，并采用公理化设计的方法实现了立体停车库从客户需求到功能需求的映射，在此基础上，构建了面向立体停车库产品族的配置设计模型，然后将基于实例推理的产品配置方法应用到立体停车库的产品配置中：首先进行立体停车库产品级匹配得到实例的立体停车库产品结构，然后进入立体停车库模块级匹配阶段，从而得到整个立体停车库产品实例。通过立体停车库配置结果的可视化仿真，验证了通过立体停车库的需求映射与模块配置，既可以快速配置出满足客户需求的产品，又可以尽量减少部件种类，提高重用率。

9.3 高速乘客电梯的模块置换设计

9.3.1 高速乘客电梯的模块置换的应用背景

电梯产品的种类繁多，其选型与配置需要根据建筑物的具体情况，比如服务楼层数、提升高度、建筑面积等，以及用户的具体需求来进行。电梯产品比较常用的分类方法有：①按用途可分为乘客电梯、载货电梯、病床电梯、观光电梯、汽车电梯、杂物梯、船舶电梯、建筑施工电梯、特种电梯等；②按速度可分为低速梯、中速梯、高速梯和超高速梯；③按驱动方式可分为交流电梯、直流电梯、液压电梯、齿轮齿条电梯、螺杆式电梯和直线电机驱动的电梯。随着国内社会经济的发展，由于土地资源的稀缺日益显现，不管是普通住宅还是商业大楼都在向高度要空间，所以高速乘客电梯的需求与日俱增，特别是一些发达城市，高速乘客电梯的市场份额甚至超过了低速乘客电梯。电梯产品是一种定制程度非常高的产品，配置设计是电梯设计主要设计技术之一。

电梯制造业作为制造业的重要一员，在发展过程中也积累了大量的数据资源，在电梯产品设计方面，这些资源体现在以下两个方面。

(1) 客户及其需求数据。客户与企业之间的交互和交易行为将产生大量的数据，如客户在购买电梯前会进行询价，在这个过程中企业会收集到客户的需求信息，这些数据包含了客户的个性化需求信息、客户的背景信息等。询价不一定带来成功的订单，企业往往把失败的询价信息丢弃在询价数据库中，对询价过程中收集的客户需求信息不够重视。

(2) 设计知识及过程数据。企业在多年的研发设计过程中积累了大量的设计数据，这些数据是企业宝贵的知识积累，是企业竞争力的内在体现。这些数据包括设计参数、设计方法、建模数据等。电梯是一个复杂的系统，对于设计人员来说，它的设计不是一朝一夕就可以完成的，而需要设计人员融合多领域的知识以及多年的经验。设计数据是设计人员的知识结晶，有效地管理和组织这些数据并将其利用起来，将大大减轻设计人员的负担，提高企业的设计效率。

在信息化时代，传统的高速电梯设计方法面临新的挑战，具体包括：①高速电梯客户需求具有模糊性、动态性、多样性等特点，传统的市场调查的方法只是对客户进行抽样，无法掌握全面的客户需求信息，更无法发现潜在的客户；②来自企业内部和外部的高速电梯客户需求数据具有异构性和海量性的特点，原有基于单机模式下的存储方法和数据挖掘方法都不适用于对异构客户数据进行处理；③高速电梯设计人员需要凭借设计经验将客户需求转换为模块的功能参数，具有主观性和随意性；④高速电梯结构设计过程中，实例库中可能匹配不到满足需求的功能-结构模块，并且对于高速电梯模块结构的修改设计缺乏简洁、高效的方法。

针对以上问题，基于客户需求实现高速电梯的模块置换设计对于高速电梯制造业具有重要意义。

9.3.2　基于客户异构数据的高速乘客电梯定制需求知识挖掘

以国内某大型电梯企业为例，其高速乘客电梯产品的报价系统中存储着海量的客户报价数据、SAP 系统中存储着大量客户的非标产品数据等，采用企业内部数据集成流程将这些系统中的客户数据进行集成。同时通过网络爬虫软件对国内的电梯企业网站采用关键词搜索的方式收集网络中的客户数据，采用基于 Web 的客户需求数据集成流程进行集成。这两方面的数据达到了

GB级别的数据量，共同构成了客户数据，对建立的客户数据进行客户聚类分析。客户需求(CR)可以由需求单元组合表示为

$$\mathrm{CR}=\sum_{i=1}^{n} R(R_i,N,v,C_i)$$

为了更全方位地掌握客户需求，将客户的基本信息也加入客户需求信息中，构建了如表9-15所示的客户需求属性表。

表9-15　客户需求属性

客户信息编号	需求属性名称	客户信息编号	需求属性名称
1	客户地区	8	层站数
2	客户性质	9	提升高度
3	客户订单类型	10	速度
4	交货周期	11	载重量
5	价格	12	噪声
6	数量	13	振动
7	气压	…	…

在客户属性表中有数值参数及字符参数，为了能够用于聚类，需要将其进行转换。如客户订单的值域为{公共交通，住宅，写字楼，商城，…}，可以将各类型赋予特定的数值编号，将字符转换为数值，如表9-16所示。

表9-16　订单类型编号

编　　号	订单类型
1	公共交通
2	住宅
3	写字楼
4	商城
5	酒店
6	旅游景区
…	…

对于模糊需求，根据企业实际情况与专家意见，采用0.8的隶属度将模糊需求转换为数值。如统计出的交货周期均值为31.4天，得到隶属度函数的表达式，将0.8代入，得到各模糊表达的交货周期。

采用系统抽样的方法，取$n=10000$，得到客户样本数据，如表9-17所示。

表 9-17　客户样本数据

编号	客户地区	客户订单类型	客户性质	交货周期	价格/万元	数量	载重量/kg	速度/(m/s)	层站数	噪声	振动	…
1	23	3	7	20	19.5	3	630	1	10	0.5	1	…
2	12	6	1	30	20	1	1100	1.5	10	1	1	…
3	50	7	2	14	19.5	5	1250	2.5	10	0	0	…
4	50	7	5	25	22	1	1150	4	10	1	1	…
5	24	7	2	90	16.5	2	630	2	10	0	0.5	…
6	21	6	3	30	15	10	400	1	3	0	1	…
7	10	6	5	19	24	2	1600	2.5	55	1	1	…
8	4	2	5	60	19.5	1	1050	1.5	7	0.6	0	…
9	3	3	5	60	18	3	1000	1.75	7	0.3	0	…
⋮	⋮	⋮	⋮	⋮	⋮	⋮	⋮	⋮	⋮	⋮	⋮	…
10000	21	7	5	20	18	4	950	1.5	6	1	0.8	…

采用改进的 K-均值聚类算法对客户数据样本进行聚类，为了提高聚类准确性，对客户数据抽样聚类 5 次，得到的聚类有效性曲线如图 9-8 所示。

K-均值聚类算法

通过聚类有效性曲线可以发现，聚类有效性函数的最大值都集中在聚类数目为 16 处，因此将聚类数目定为 16，并将得到的聚类中心作为客户数据聚类的初始中心。

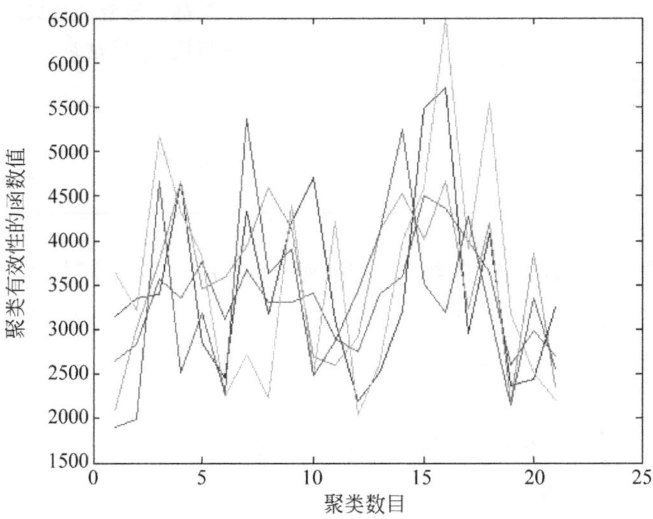

图 9-8　客户聚类有效性曲线

在 Hadoop 构建的分布式集群上运行基于 MapReduce 并行化的 K-均值聚类算法，得到的客户分布结果如图 9-9 所示。

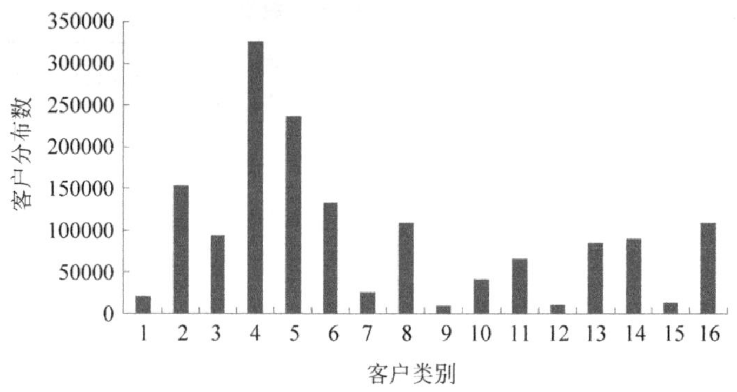

图 9-9　客户聚类分布情况

可以发现，第 2、第 4、第 5 类客户占整个客户的 46.4%，进一步分析发现这 3 类客户主要需求为低速乘客电梯，但在配置和结构布局等方面有差异。这一方面表明该企业的主要客户是讲究高性价比的客户，他们对产品的要求是低价、够用即可；另一方面也说明企业对于深层次的客户挖掘不够，产品单一。

通过对其他几类客户进行分析，可以发现其中的潜在客户和他们的需求。如第 7 类客户，表 9-18 示出了他们的一些特征。

表 9-18　第 7 类客户特征

客户信息	特　征
客户地区	东部沿海发达地区
客户订单类型	高档、高层建筑
数量	≤5
层站数	≥50
载重量/kg	≥1600
速度/(m/s)	5～7

可以看出，该类客户来自经济发达地区，项目一般为高档的高层写字楼、酒店等，对载重量和速度要求较高，层站数较多，是一类高端用户。对于这一类用户，急需企业开发出一类高端电梯来占据市场份额。

9.3.3　基于神经网络的高速乘客电梯客户需求到定制模块功能映射

以电梯轿厢定制模块为例，利用基于神经网络的映射方法获取其功能。应用改进 K-均值聚类技术分析得出的客户需求是一类高速乘客电梯，选取乘客电梯的技术参数模板 $PT_{passenger}$，其定制技术参数如图 9-10 所示。

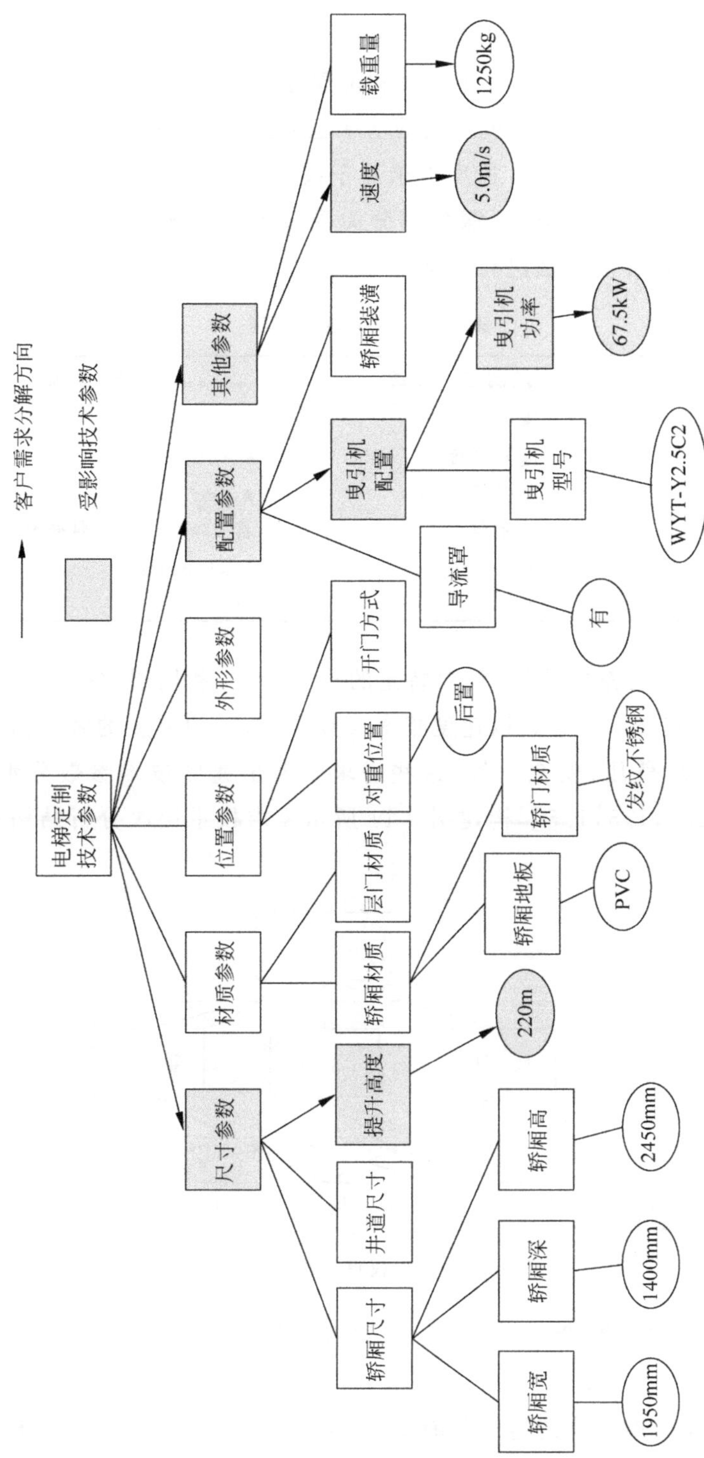

图 9-10　电梯定制技术参数

根据定制技术参数的解析流程，对定制技术参数进行分析。客户需求中速度为5m/s，在映射规则库中找到与速度需求相关的映射规则，根据表9-19，速度需求将影响速度参数、尺寸参数和配置参数等内容，随着速度的增加，提升高度也应相应增加；同时曳引机的功率也要提高；高速情况下，轿厢需要配置导流罩以减少空气阻力。速度需求对于技术参数的影响如图9-10所示，箭头表示客户需求的分解方向，深色部分为受该需求影响的技术参数。其他需求特征也按照同样的方法进行分解。

表9-19　R-P映射规则

需求特征	定制技术参数	映射规则
速度	速度	$v=\mathrm{cr\_}v$
速度	提升高度	$h\geqslant 40v$
速度	曳引机功率	$p>va$
速度	导流罩	若 $v>3.5\mathrm{m/s}$，则需要导流罩
速度	加速度	$a\leqslant 1.5\mathrm{m/s^2}$
…	…	…

将客户需求分解完成后，针对特定的技术参数，利用层次分析法得到各需求的权重，确定技术参数。以速度技术参数为例，影响速度的客户需求包括速度、噪声、振动、气压、安全性等，这些需求映射出速度技术参数分别为CR=[5.0,3.0,2.5,1.5,1.5]，构建图9-11所示需求权重层次分析结构来确定各需求的权重。

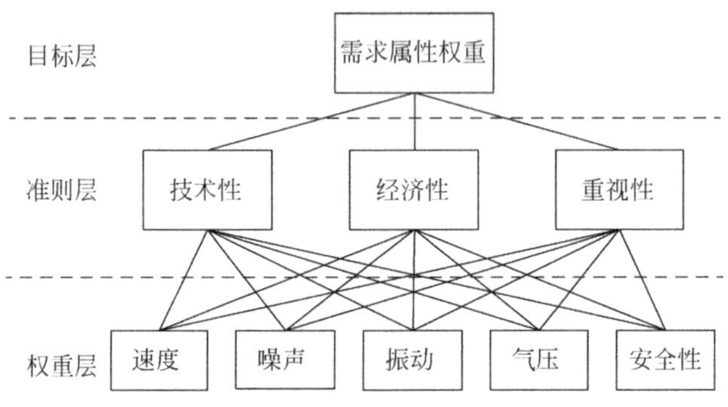

图9-11　需求权重层次分析结构

对准则层构造判断比较矩阵，得到各准则的权重值 $\boldsymbol{W}=[0.22,0.08,0.70]$，如表9-20所示。

再针对每个准则构造需求判断矩阵，由于篇幅限制，这里只列出基于技术准则的需求判断矩阵，如表9-21所示。

表 9-20　准则层判断矩阵

准则层	技术性	经济性	重视性	权重
技术性	1	4	1/6	0.22
经济性	1/4	1	1/6	0.08
重视性	6	6	1	0.70

表 9-21　基于技术准则的需求判断矩阵

技术准则	速度	噪声	振动	气压	安全性	权重
速度	1	4	4	4	1/5	0.2369
噪声	1/4	1	1/3	3	1/5	0.0884
振动	1/4	3	1	3	1/5	0.1309
气压	1/4	1/3	1/3	1	1/5	0.0534
安全性	5	5	5	5	1	0.4905

将基于各准则的需求权重进行加权求和，得到各需求的权重值为

$$\boldsymbol{W}=[0.58,0.15,0.12,0.04,0.27]$$

加权求和得到最终的速度技术参数：

$$\begin{aligned}P &= 0.58\times 5.0+0.15\times 3.0+0.12\times 2.5+0.04\times 1.5+0.27\times 1.5 \\ &= 4.005\end{aligned}$$

采用同样的方法对其他定制技术参数进行求解，得到满足客户需求的技术参数，如表 9-22 所示。

表 9-22　定制技术参数

定制技术参数	技术参数值
速度/(m/s)	4.005
载重量/kg	1350
开门宽度/mm	1100
开门高度/mm	2400
轿厢宽/mm	2000
轿厢深/mm	1500
轿厢高/mm	2800
最大提升高度/m	220
⋮	⋮

根据神经网络集的训练步骤，利用历史的定制技术参数转换为定制功能模块功能的数据信息训练出用于映射的神经网络集。最后将得到的定制技术参数 $\boldsymbol{P}=[P_1,P_2,\cdots,P_n]$ 代入训练出的神经网络集中，可以得到定制功能模

块的各个参数信息，分别如表 9-23、表 9-24、表 9-25 所示。

表 9-23　定制模块材质特性

材质特性(M)	材　质
轿厢地板	PVC 仿大理石
轿门	发纹不锈钢
扶手	不锈钢管短纹
吊顶	喷塑钢板
围壁	发纹不锈钢
⋮	⋮

表 9-24　定制模块设计参数

设计参数(DP)	参　数　值
开门宽度	1100mm
开门高度	2400mm
轿厢宽	2000mm
轿厢高	2800mm
轿厢深	1500mm
载重量	1350kg
⋮	⋮

表 9-25　定制模块附加功能

附加功能(A)	值
语音报站功能	1
防扒门功能	1
轿顶安全窗	−1
视频监控	1
地震监测	0
⋮	⋮

9.3.4　客户需求驱动的高速乘客电梯模块结构置换设计

本节以国内某大型电梯企业的电梯轿厢定制模块结构设计为例，说明结构置换设计过程。轿厢定制模块是客户定制需求最多的模块，企业积累了诸如轿厢置换结构、轿厢结构置换流程等轿厢定制模块结构设计知识数据。应用神经网络映射得到的轿厢定制功能模块的功能参数，从模块实例库中根据相似性找出功能最相似的轿厢定制模块实例。轿厢模块主要包括轿架、轿厢、轿门、门机、整流罩等几个部分，如图 9-12 所示。

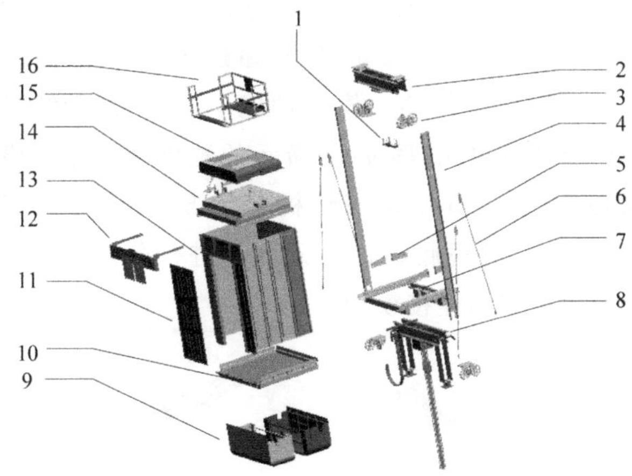

图 9-12　电梯轿厢模块结构

1—转动组件；2—上梁组件；3—滚轮导靴；4—立梁；5—轿架连接座；6—拉条螺杆；7—轿厢托架；8—下梁装置；9—下整流罩；10—轿底组件；11—轿门；12—门机；13—轿厢围壁；14—轿顶；15—上整流罩；16—轿顶维修平台

初次分割时对轿厢模块采用零件级的分割，得到如图 9-13 所示的模块置换结构连接模型。

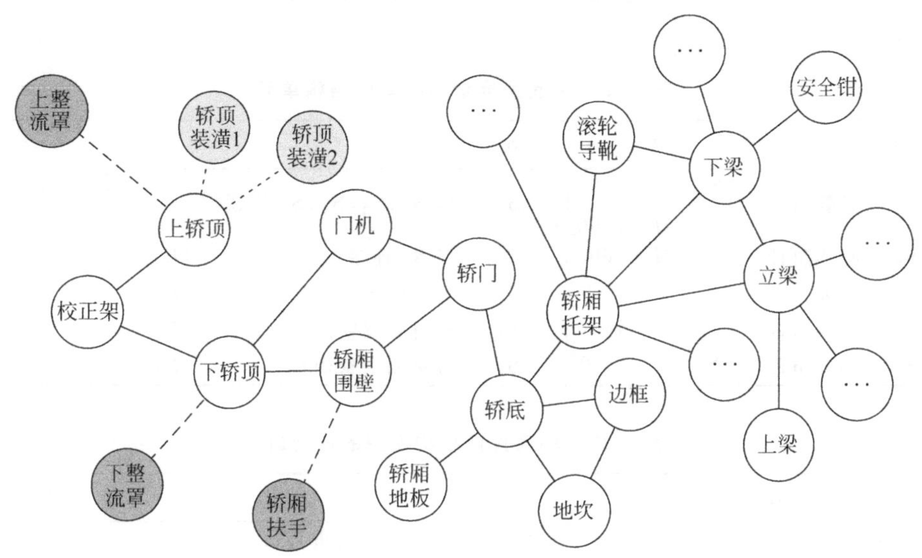

图 9-13　轿厢定制功能模块置换结构连接模型

针对获取的定制功能模块功能参数信息，对轿厢模块进行结构置换设计，具体如下：

对于轿厢的材质特性，可以直接修改对应结构单元的材质参数。

轿厢尺寸的修改是模块部件修正操作，通过修改相应部件的尺寸参数，得到经过尺寸修正的轿厢模块结构。模块功能参数中要求轿厢深为1500mm，首先定位需要修正的结构单元，图9-13所示的置换结构连接模型中有多个结构单元与轿厢深相关，选取其中轿底结构单元 S_{JD} 作为待修正的结构单元。轿底结构单元粒度较大，对轿底结构单元继续进行分割，得到如图9-14所示的轿底结构单元的置换结构连接模型。

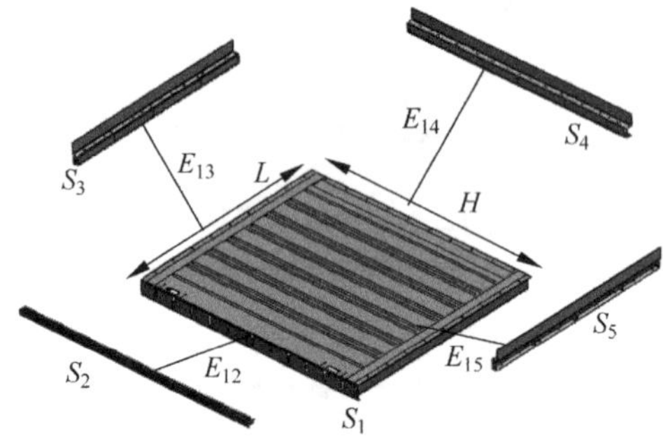

图9-14　轿底结构单元的置换结构连接模型

与置换结构连接模型相应的结构单元和连接边分别如表9-26、表9-27所示。

表9-26　轿底置换结构模型的结构单元

ID	N	D	S_f	C	E
S_1	必要组件	$\begin{bmatrix} S_1 & L & 1300 \\ & H & 1600 \end{bmatrix}$	S_{JD}	与 S_2、S_3、S_4、S_5 连接	$\{E_{12}, E_{13}, E_{14}, E_{15}\}$
S_2	必要组件	$[S_2 \quad H \quad 1600]$	S_{JD}	与 S_2 连接	$\{E_{12}\}$
S_3	必要组件	$[S_3 \quad L \quad 1300]$	S_{JD}	与轿厢围壁焊接	$\{E_{13}\}$
S_4	必要组件	$[S_4 \quad H \quad 1600]$	S_{JD}	与轿厢围壁焊接	$\{E_{14}\}$
S_5	必要组件	$[S_5 \quad L \quad 1300]$	S_{JD}	与轿厢围壁焊接	$\{E_{15}\}$

表9-27　轿底置换结构模型的连接边

E	S_i	S_j	R	C	O
E_{12}	S_1	S_2	直接连接	H 方向重合、L 方向平移	+
E_{13}	S_1	S_3	直接连接	L 方向重合	+
E_{14}	S_1	S_4	直接连接	H 方向重合	+
E_{15}	S_1	S_5	直接连接	L 方向重合	+

根据修正需求，对 S_1 进行修正操作，使得 $L=1500\text{mm}$，由 S_1 的连接边可知受影响的结构单元为 S_2、S_3 与 S_5，同时需对这些结构单元进行修正操作。再对与 S_2、S_3、S_5 相连的结构单元进行修正，直到没有受影响的结构单元为止。

轿厢功能需求中要求有轿厢安全窗，轿厢安全窗在原有的置换结构模型中不存在，并且在置换结构库中也没有合适的安全窗，因此需要采用局部结构置换的方法来生成新的轿厢安全窗。

图 9-15 所示为轿厢安全窗的置换结构图，由轿厢整流罩通过分割形成 S_1、S_2 和 S_3。在 S_2 上需要生成安全窗，对 S_2 使用组合面分割的方法将放置轿厢安全窗的位置 S_{22} 从 S_2 中分割开，生成 S_{21} 和 S_{22} 及其连接边 $E_{21,22}$，利用结构单元置换操作，根据 $E_{21,22}$ 的连接和拓扑搭接关系用安全窗盖 $S_{22'}$ 替换原有结构单元 S_{22}。再经过结构重组生成带有轿厢安全窗的整流罩结构，如图 9-16 所示。

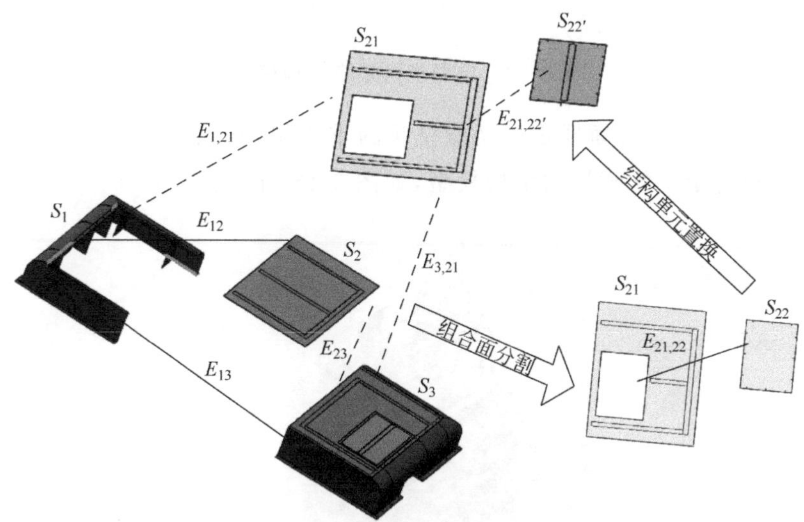

图 9-15　轿厢安全窗结构置换

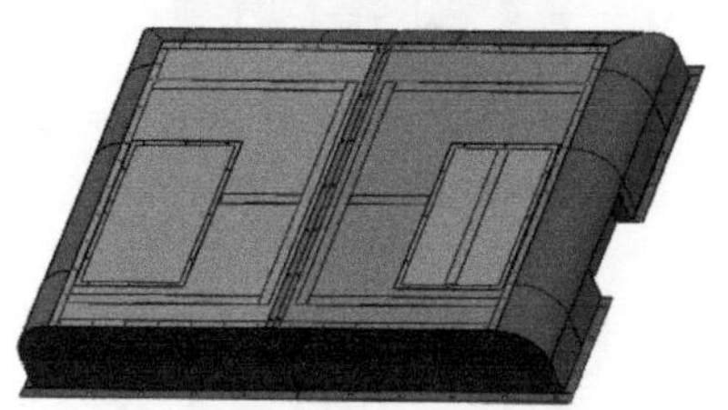

图 9-16　带轿厢安全窗的整流罩结构

通过对轿厢模块的结构置换设计，最终生成全是直接连接的轿厢置换结构模型，如图 9-17 所示。

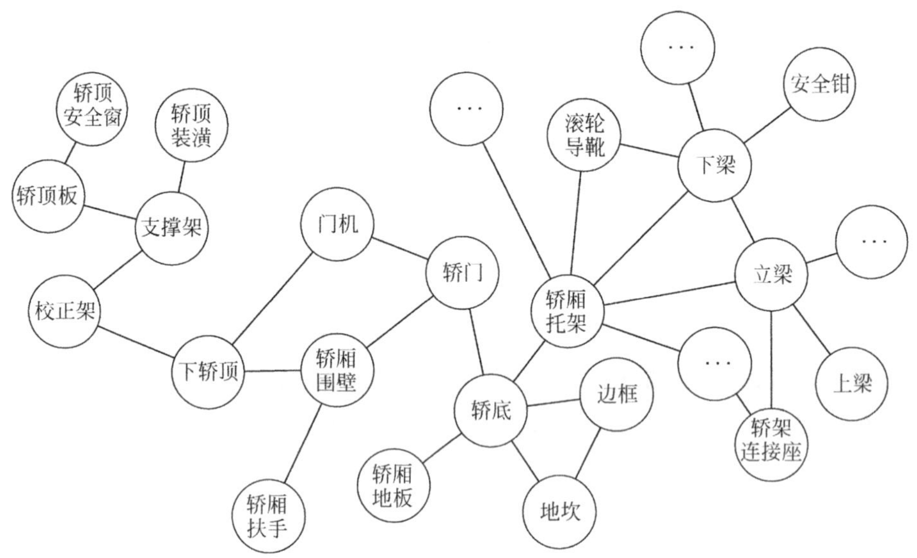

图 9-17　定制模块置换结构模型

根据重组过程，将轿厢定制功能模块的重组结构进行重组，生成符合客户需求的轿厢定制功能模块的结构模型，如图 9-18 所示。

图 9-18　轿厢定制功能模块结构模型

9.3.5 应用效果分析

本节建立了高速乘客电梯的产品需求层次结构，并给出了各层次的映射关系。利用分布式存储技术建立了异构数据集成的云模式下的高速乘客电梯产品需求数据仓库，利用改进 K-均值聚类的方法对高速乘客电梯产品需求数据进行聚类分析。定义了高速乘客电梯客户定制技术参数，利用规则映射将高速乘客电梯客户需求映射为定制技术参数，并通过层次分析法确定各需求权重，得到定制技术参数。定义了高速乘客电梯的客户定制功能模块，建立了高速乘客电梯定制技术参数与定制功能模块功能的关联模型，应用基于神经网络的功能映射方法，解决了高速乘客电梯需求与模块功能难以转换的问题。通过构建高速乘客电梯模块的置换结构连接模型，利用结构单元的修正、增减和替换操作实现了高速乘客电梯定制模块的变型设计，实现了高速乘客电梯客户需求的快速响应。

9.4 离心式空气压缩机的产品族调节重构设计

9.4.1 离心式空气压缩机产品族优化设计的应用背景

深冷式空分装备是利用低温精馏法获取高纯度氧、氮等气液产品的大型成套装备，具有经济性良好、气液产品产量大、产品纯度高等综合性优势，广泛应用于钢铁、冶金、石化、航天等支柱行业领域。空分装备不同项目由于环境、工况和产量等不同要求而体现出多样化的客户需求，其生产模式属于典型的按订单设计和制造，要求企业必须具备在较短周期内设计制造出满足客户需求产品的能力。而当前我国空分制造企业在快速响应客户需求方面与国外先进公司存在差距，主要表现在客户需求分析和预测能力不足、单元部机设计的重用程度低、企业信息化集成度不高等方面，造成了投标报价响应速度较慢和配套部机设计成本较高等问题。因此，研究空分装备产品族可重构设计技术，基于已有产品的独立设计结果，实现空分装备关键部机，如原料空压机、透平膨胀机、板翅式换热器和低温精馏塔等的产品族可重构设计，是缩短空分装备设计周期、提高平台通用程度并降低产品成本的有效途径。

9.4.2 离心式空气压缩机的产品族数学模型

在大型深冷法空分装备中，原料空气压缩机是每套空分装备必须配置的，因为它是外压缩流程中空分装备原料和能量的唯一来源。在空分领域中使用的压缩机有离心式压缩机、轴流式压缩机、活塞式压缩机和螺杆式压缩机等，离心式压缩机属于速度型压缩机，由于具有动、静元件无接触，无须润滑和处理气体流量大等特点，因而广泛用于空分装备中原料空气的压缩。

离心式空气压缩机整机的结构如图 9-19 所示，其基本工作原理是：由装于轴上带有叶片的工作轮（叶轮）在驱动机的驱动下作高速旋转，叶片对气体做功使气体获得动能，经扩压流动后转变为压力能，从而提高气体压力，同时气体温度也相应升高。经过多级组合，也可以有中间冷却的多段组合，甚至多缸组合压缩，获得气体所需的终压要求。

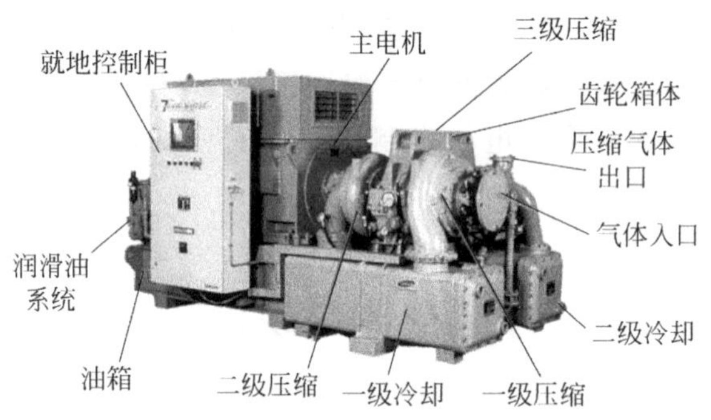

图 9-19　离心式空气压缩机整机结构

离心式空气压缩机的工作过程为：气体由吸气室吸入，经过叶轮做功获得能量，使气体的压力、速度提高，同时使气体温度升高；然后进入扩压器扩压，使速度降低，压力进一步提高。弯道和回流器主要起导向作用，使气流顺利进入下一级继续压缩；最后由末级出来的高压气体经蜗壳和出气管排出。由于大型离心式空气压缩机为多段多级压缩，因此其设计参数繁多，数学模型复杂度高。在保证离心式空气压缩机基本原理的前提下，本节建立单级单叶轮离心式空气压缩机的优化模型，并进行产品族的调节重构设计。

空气压缩机产品族的重构设计要求是：设计一个由 6 个离心式空气压缩机组成的产品族，这些空气压缩机满足不同的总功率要求，并最大化每一个产品的压缩比 ε 和空气流量 Q（单位：m^3/min）。其中，在总功率一定的情况下，压缩比和空气流量是一对相互矛盾的优化目标。本节描述了详细的单级离心式空气压缩机优化模型，根据实际设计情况，确定表 9-28 所示的空气压缩机设计变量及其取值范围。

单级离心式空气压缩机产品族的进口大气压力 $P_{in}=0.1013MPa$，进口大气温度 $t_{in}=288K$（即 15℃），叶轮为径向直叶片半开式叶轮，扩压器使用无叶型。此外,气体常数 $R=28.70$,定熵指数 $k=1.40$,进气部分损失系数 $\xi_i=0.03$,定熵能量头系数 $\varphi_s=0.68$。空气压缩机产品族设计需满足表 9-29 列举的约束条件。

将离心式空气压缩机的压缩比 ε 和空气流量 Q 作为优化目标,求解设计变量使空气压缩机具有更高的压缩比和更大的空气流量,同时满足额定功率等式约束和等熵效率、性能指标和几何尺寸等不等式约束。

表 9-28　空气压缩机的设计变量及取值范围

变量名称及符号	数 值 范 围
导风轮进口外径 D_1/m	$0.15\leqslant D_1\leqslant 0.25$
叶轮外径 D_2/m	$0.3\leqslant D_2\leqslant 0.6$
无叶扩压器外径 D_3/m	$0.3\leqslant D_3\leqslant 0.6$
导风轮进口内径 d/m	$0.05\leqslant d\leqslant 0.15$
导风轮叶片数 Z_1	$10\leqslant Z_1\leqslant 30$
叶轮叶片数 Z_2	$10\leqslant Z_2\leqslant 30$
叶轮安装角 β_{2A}/(°)	$30\leqslant \beta_{2A}\leqslant 32$
叶轮厚度 b_2/mm	$12\leqslant b_2\leqslant 14$
主轴转速 n/(r/min)	$10000\leqslant n\leqslant 20000$

表 9-29　空气压缩机产品族的设计约束

变量名称及符号	数 值 范 围
额定功率要求 P/kW	{450,500,550,600,650,700}
等熵效率要求 η	$\eta\geqslant 0.70$
压缩比 ε	$3\leqslant\varepsilon\leqslant 4$
空气流量 Q/(m^3/min)	$Q\geqslant 120$
几何尺寸	$0.45\leqslant D_1/D_2\leqslant 0.65$
	$1.03\leqslant D_2/D_3\leqslant 1.12$
	$0.025\leqslant b_2/D_2\leqslant 0.065$

9.4.3　面向离心式空气压缩机的 DSMOPSO 性能分析

以额定功率为 450kW 的单级离心式空气压缩机数学模型为例,设置相同的约束条件(如表 9-29 所示)与变量范围(如表 9-28 所示),分别建立如下两目标与三目标优化模型,验证 DSMOPSO 算法的多目标优化问题求解能力:

DSMOPSO 算法

$$\begin{cases}\text{模型 1: }\max F_1=[\varepsilon,Q]\\ \text{模型 2: }\max F_2=[\varepsilon,Q,\eta]\end{cases}\tag{9-1}$$

使用C语言，实现DSMOPSO算法，并运行于P42.6GHz、512MB内存的微型PC。模型1与模型2都使用内部种群规模 $N=200$，外部种群规模 $M=60$，迭代次数 $G=2000$。通过试验运行，设置惯性权重 $\omega=0.3$，学习因子 $c_1=c_2=2$，变异概率 $p_m=0.1$ 和浮点变异指数 $\eta_m=20$。当外部种群数超出允许的最大数目时，调用拥挤距离排序方法进行缩减操作。

9.4.4 离心式空气压缩机的平台常量参数设置

在离心式空气压缩机产品族调节重构的第一阶段，使用DSMOPSO算法对每个空气压缩机产品进行独立优化，根据设计变量的变化率选择产品族的平台常量和可调节变量。

通过试验运行确定内部种群规模 $N=200$，外部种群规模 $M=60$，迭代次数 $G=2000$，惯性权重 $\omega=0.3$，学习因子 $c_1=c_2=2$，变异概率 $p_m=0.1$ 及变异分布指数 $\eta_m=20$ 等DSMOPSO运算参数。用DSMOPSO求解6个离心式空气压缩机的独立优化模型，以压缩比 ε 作为横坐标，以空气流量 Q 为纵坐标，所得Pareto前沿如图9-20(a)～(f)所示。每一个Pareto点表示具有不同压缩比和空气流量的设计方案，图中方框表示用模糊集合理论选出的综合最优点。如图9-20(a)所示，分别设置压缩比和空气流量的数值范围为[3.0，3.3]和[132，150]时，450kW离心式空气压缩机的权衡最优性能指标为压缩比 $\varepsilon=3.14$ 和空气流量 $Q=141.03\text{m}^3/\text{min}$。不同功率的离心式空压机的独立优化设计结果如表9-30所示。

表9-30 离心式空气压缩机独立优化设计结果

编号	D_1/m	D_2/m	D_3/m	d/m	Z_1	Z_2	β_{2A}/(°)	b_2/mm	n/(r/min)	P/kW	ε	Q/(m³/min)
1	0.233	0.364	0.375	0.140	18	18	30.47	12.78	10655	450	3.14	141.03
2	0.198	0.431	0.444	0.078	10	16	30.48	13.53	11110	500	3.44	140.23
3	0.237	0.448	0.462	0.068	11	23	30.38	12.09	10144	550	3.28	164.44
4	0.219	0.483	0.499	0.130	11	22	30.42	12.17	10077	600	3.52	166.26
5	0.203	0.420	0.435	0.108	10	25	30.35	12.18	10337	650	3.56	181.55
6	0.250	0.472	0.486	0.125	11	30	30.28	13.12	10004	700	3.20	218.76

根据系列空气压缩机独立优化设计结果，计算各设计变量的均值(μ)、方差(δ)和变化率(δ/μ，单位为%)，如表9-31所示。选择变化率小于10%的变量作为平台常量参数，得到空气压缩机的平台常量参数集合($D_1, D_2, D_3, \beta_{2A}, b_2, n$，如表9-30所示)和可调节变量集合($d, Z_1, Z_2$)，平台常量参数值取

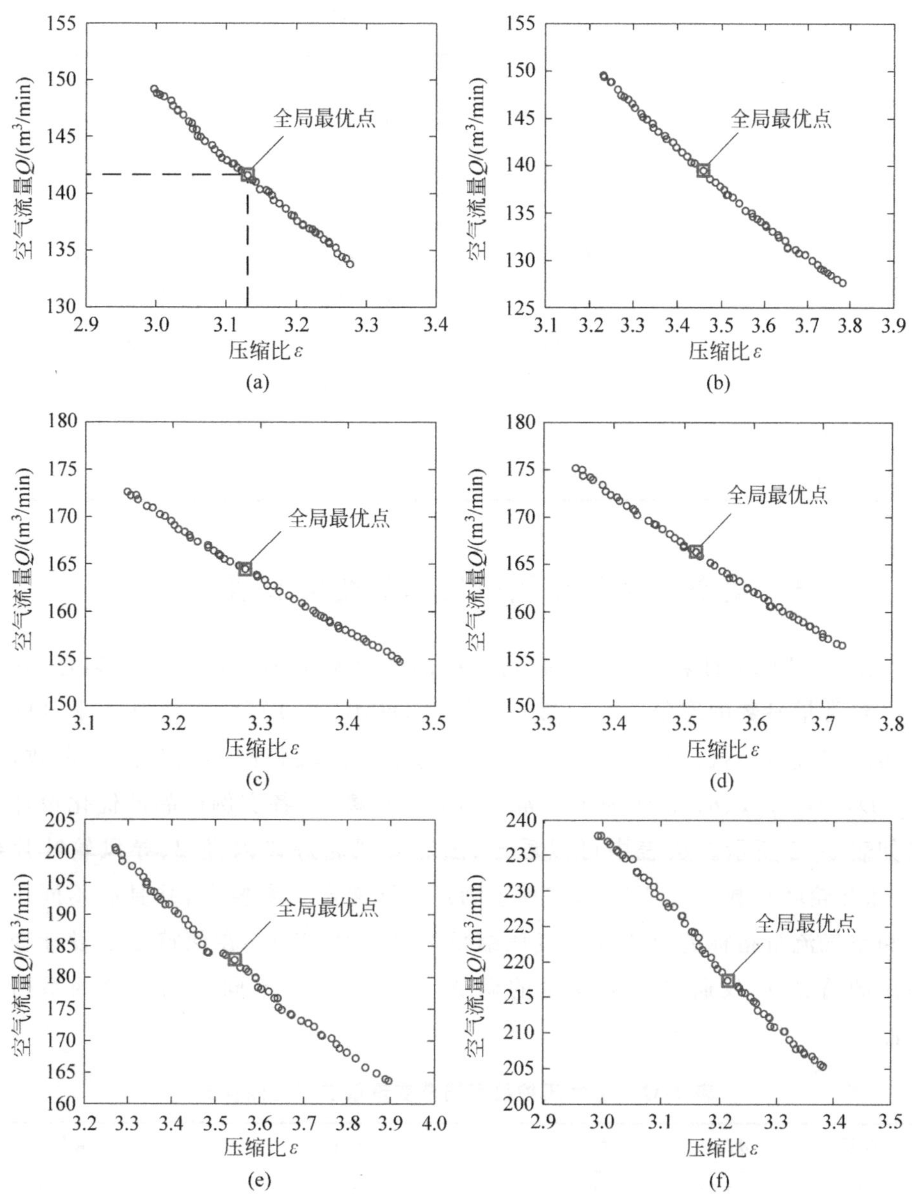

图 9-20　离心式空气压缩机的 Pareto 集及综合最优点

(a) $P=450$kW；(b) $P=500$kW；(c) $P=550$kW；(d) $P=600$kW；(e) $P=650$kW；(f) $P=700$kW

各变量的平均值。导风轮进口外径 D_1、叶轮外径 D_2、叶轮安装角 β_{2A} 和叶轮厚度 b_2 的通用有助于提高叶轮设计的通用性，无叶扩压器外径 D_3 的通用有助于减少机壳制模费用，而主轴转速 n 的通用可提高系列空气压缩机中增速变速器部件的通用性，最终可以提高产品的设计与生产效率，实现规模经济效益。

表 9-31　设计变量的均值、方差和变化率分析

设计变量	μ	δ	$(\delta/\mu)/\%$
D_1	0.223	0.0203	9.09
D_2	0.436	0.0427	9.79
D_3	0.450	0.0441	9.80
d	0.1082	0.0293	27.08
Z_1	11.8333	3.0605	25.5
Z_2	22.3333	5.0067	22.76
β_{2A}	30.40	0.0761	0.25
b_2	12.65	0.5961	4.71
n	10388	424	4.10

9.4.5　离心式空气压缩机的调节变量取值

在 MOPDM 的第一阶段正确划分产品平台常量和可调节变量集合，并求得平台常量参数的取值；然后第二阶段用 DSMOPSO 算法求解基于平台的每个实际空气压缩机的可调节变量。采用与第一阶段相同的进化运算参数，将 D_1、D_2、D_3、β_{2A}、b_2、n 作为平台常量写入优化模型，各实例产品的优化设计结果如表 9-32 所示。从表中可以看出，随着导风轮进口内径 d、导风轮叶片数 Z_1 和叶轮叶片数 Z_2 的调节，实现了满足不同额定功率要求，并具有不同压缩比和空气流量指标的离心式空气压缩机产品。MOPDM 在保持多数设计变量通用的情况下，仅通过少数变量的调节，开发了面向不同市场划分的系列化产品。

表 9-32　空气压缩机可调节变量取值与性能参数

序号	d/m	Z_1	Z_2	P/kW	ε	Q/(m^3/min)
1	0.110	12	18	450	3.27	132.50
2	0.098	12	17	500	3.56	135.74
3	0.111	12	17	550	3.80	140.51
4	0.050	10	17	600	3.52	166.67
5	0.076	11	22	650	3.64	175.98
6	0.119	11	27	700	3.41	205.48

9.4.6　应用效果分析

本节建立了离心式空气压缩机的两阶段参数化产品族调节重构设计流程,使用多目标粒子群算法优化了离心式空气压缩机产品性能模型。第一阶段基于离心式空气压缩机产品独立优化结果分析了离心式空气压缩机设计变量的变化率,规划了离心式空气压缩机单平台共享策略;第二阶段设置了离心式空气压缩机实际产品的可调节变量值,完成了离心式空气压缩机产品族重构。通过该两阶段参数化产品族调节重构设计,在提高离心式空气压缩机平台通用性的同时,实现了离心式空气压缩机的不同功率系列化产品的压缩比与空气流量性能设计。

参考文献

[1] ABIDO M, BAKHASHWAIN J. Optimal VAR dispatch using a multiobjective evolutionary algorithm[J]. Electrical Power and Energy Systems, 2005, 27(2): 13-20.

[2] ALVAREZ-BENITEZ J E, EVERSON R M, FIDLDSEND J E. A MOPSO Algorithm Based Exclusively on Pareto Dominance Concepts [C]. Evolutionary Multi-Criterion Optimization, Third International Conference, EMO 2005, Guanajuato, Mexico, March 9-11, 2005, Proceedings. DBLP, 2005.

[3] BAYLIS K, ZHANG G, MCADAMS D A. Product family platform selection using a Pareto front of maximum commonality and strategic modularity [J]. Research in Engineering Design, 2018, 29(4): 547-563.

[4] CEILIA T, JOHN Y, TIAO W A. House of quality: A fuzzy logic-based requirements analysis[J]. European Journal of Operational Research, 1999, 117(2): 340-354.

[5] CHEN L H, WENG M C. An Evaluation Approach to Engineering Design in QFD Processes Using Fuzzy Goal Programming Models [J]. European Journal of Operational Research, 2006, 172(1): 230-248.

[6] CHEN Y M, LIANG M W. Design and Implementation of a Collaborative Engineering Information System for Allied Concurrent Engineering [J]. International Journal of Computer Integrated Manufacturing, 2000, 13(1): 11-30.

[7] CHEN Y M, SHIR W S, SHEN C Y. Distributed Engineering Change Management for Allied Concurrent Engineering [J]. International Journal of Computer Integrated Manufacturing, 2002, 15(2): 127-151.

[8] COELLO C, PULIDO G, LECHUGA M. Handling multiple objectives with particle swarm optimization[J]. IEEE Transactions on Evolutionary Computation, 2004, 8(3): 256-279.

[9] DEB K, JAIN S. Multi-speed gearbox design using multi-objective evolutionary algorithms[J]. Journal of Mechanical Design, 2003, 125(3): 609-619.

[10] DEB K, PRATAP A, AGARWAL S. A fast and elitist multi-objective genetic algorithm: NSGA-II [J]. IEEE Transactions on Evolutionary Computation, 2002, 6(2): 182-197.

[11] DEMPSTER A P. Upper and lower probabilities induced by a multivalued mapping[J]. Annals of Mathematical Statistics, 1967, 38(2): 325-339.

[12] DIXON A L, COLTON S J. A process management strategy for re-design: An Anchoring Adjustment Approach[J]. Journal of Engineering Design, 2000, 11(2): 159-173.

[13] DOBRESCU G, REICH Y. Progressive sharing of modules among product variants[J]. Computer Aided Design, 2003, 35(9): 791-806.

[14] DURAY R, WARD P T, MILLIGAN G W, et al. Approaches to Mass Customization:

Configuration and Empirical Validation [J]. Journal of Operations Management, 2000, 18(6): 605-625.

[15] ERIXON G. Modular function deployment—a method for product modularization[D]. Stockholm: Stockholm Royal Institute of Technology(KTH), 1998.

[16] ERTAY T, KAHRAMAN C, RUAN D. Quality Function Deployment Implementation Based On Analytic Network Process with Linguistic Data: An Application in Automotive Industry[J]. Journal of Intelligent & Fuzzy Systems, 2005, 16(1): 221-232.

[17] FALKENAUER E. Genetic algorithms and grouping problems[M]. Chichester: John Wiley & Sons, 1998.

[18] FENG Y, HONG Z, TIAN G, et al. Environmentally Friendly MCDM of Reliability-based Product Optimisation Combining DEMATEL-based ANP, Interval Uncertainty and Vlse Kriterijumska Optimizacija Kompromisno Resenje (VIKOR)[J]. Information Sciences, 2018, 442: 128-144.

[19] FENG Y, ZHANG Z, TIAN G, et al. Data-driven accurate design of variable blank holder force in sheet forming under interval uncertainty using sequential approximate multi-objective optimization[J]. Future Generation Computer Systems, 2017, 86: 1242-1250.

[20] GAO Y C, FENG Y X, WANG Q R, et al. A multi-objective decision making approach for dealing with uncertainty in EOL product recovery[J]. Journal of Cleaner Production, 2018, 204: 712-725.

[21] GILMORE J H, PINE B J I. The Four Faces of Mass Customization[J]. Harvard Business Review, 1997, 75(1): 91-101.

[22] HASHEMIAN M. Design for adaptability [D]. Saskatoon: University of Saskatchewan Saskatoon, 2005.

[23] HONG Z X, FENG Y X, LI Z K, et al. Reliability-Based and Cost-Oriented Product Optimization Integrating Fuzzy Reasoning Petri Nets, Interval Expert Evaluation and Cultural-Based DMOPSO Using Crowding Distance Sorting [J]. Applied Sciences, 2017, 7(8): 1-21.

[24] HUAGN G Q, YEE W Y, MAK K L. Current practice of engineering change management in Hong Kong manufacturing industries[J]. Journal of Materials Processing Technology, 2003, 139(1-3): 481-487.

[25] HUANG G Q, YEE W Y, MAK K L. Development of a web-based system for engineering change management[J]. Robotics and Computer Integrated Manufacturing, 2001, 17(3): 255-267.

[26] JAFAR R, MANSOOR D. A deterministic, multi-item inventory model with supplier selection and imperfect quality[J]. Applied Mathematical Modelling, 2008, 32(10): 2106-2116.

[27] JIN Y X, CHENG H Z, YAN J Y, ZHAGN L. New discrete method for particle swarm optimization and its application in transmission network expansion planning[J].

Electric Power Systems Research，2007，77(3)：227-233.

[28] KIDD M W，Thompson. Engineering Design Change Management [J]. Integrated Manufacturing Systems，2000，11(1)：74-77.

[29] KUMAR R，ALLADA V. Scalable platforms using ant colony optimization[J]. Journal of Intelligent Manufacturing，2007，18(1)：127-142.

[30] LI T Y，HE T，WANG Z J，et al. An Approach to Iot Service Optimal Composition for Mass Customization on Cloud Manufacturing [J]. IEEE Access，2018，6：50572-50586.

[31] LI Z，PEHLKEN A，QIAN H，et al. A systematic adaptable platform architecture design methodology for early product development[J]. Journal of Engineering Design，2016，27(1-3)：93-117.

[32] LIEM T，LUCIEN D. Comparison of fuzzy numbers using a fuzzy distance measure[J]. Fuzzy Sets and Systems，2002，130(3)：331-341.

[33] PIEN B J I. Mass Customization-the New Frontier in Business：Competition [M]. Boston：Harvard Business Press，1993.

[34] RORIBAH K，CASKEY K R. Change management in concurrent engineering from a parameter perspective[J]. Computers in Industry，2003，50(1)：15-34.

[35] SHA D，HSU C. A hybrid particle swarm optimization for job shop scheduling problem [J]. Computers & Industrial Engineering，2006，51(6)：791-808.

[36] SHAFER G. A mathematical theory of evidence[M]. Princeton：Princeton University Press，1976.

[37] SIMPSON T，MAIER J，MISTREE F. Product platform design：method and application[J]. Research in Engineering Design，2001，13(6)：2-22.

[38] SPICER P，YIP-HOI D，KOREN Y. Scalable reconfigurable equipment design principles [J]. International Journal of Production Research，2005，43 (22)：4839-4852.

[39] STONE R B. A heuristic method for identifying modules for product architectures[J]. Design Studies，2000，21(1)：5-31.

[40] SVENSSON C，BADOD A. Limits and Opportunities in Mass Customization for "Build to Order" SMEs [J]. Computer in Industry，2002，49(1)：77-89.

[41] THOMAS M C，JOY A T. Elements of information theory [M]. Chichester：John Wiley & Sons，2003.

[42] TSENG MM，JIAO J X. Case-based evolutionary design for mass customization [J]. Computers & Industrial Engineering，1997，33(1)：319-323.

[43] TSENG MM，JIAO J，MERCHANT M E. Design for Mass Customization[J]. CIRP Annals - Manufacturing Technology，1996，45(1)：153-156.

[44] TSENG MM, LEI M, SU C, et al. A Collaborative Control System for Mass Customization Manufacturing[J]. CIRP Annals - Manufacturing Technology, 1997, 46(1): 373-376.

[45] TSENG M, JIAO J. A module identification approach to the electrical design of electronic products by clustering analysis of the design matrix[J]. Computer and Industrial Engineering, 1997, 33(1-2): 229-233.

[46] VELDHUIZEN D, LAMONT G. Multi-objective evolutionary algorithms: analyzing the state-of-the-art[J]. IEEE Transactions on Evolutionary Computation, 2000, 18(2): 125-147.

[47] XIAO W, DU G, ZHANG Y, et al. Coordinated optimization of low-carbon product family and its manufacturing process design by a bilevel game-theoretic model[J]. Journal of Cleaner Production, 2018, 184: 754-773.

[48] YANG J B, SEN P. An evidential reasoning approach for multiple attribute decision-making with uncertainty[J]. IEEE Transactions on Systems, Man, and Cybernetics, 1994, 24(1): 1-18.

[49] YANG J B, XU D L. On the evidential reasoning algorithm for multiple attribute decision analysis under uncertainty[J]. IEEE Transactions on Systems, Man, and Cybernetics, 2002, 32(3): 289-304.

[50] YUNG K L, KO S M, KWAN F Y. Application of function deployment model in decision making for new product development[J]. Concurrent Engineering: Research and Application, 2006, 14(3): 257-267.

[51] ZHANG M, GUO H, HUO B, et al. Linking supply chain quality integration with mass customization and product modularity[J]. International Journal of Production Economics, 2019, 207: 227-235.

[52] 阿尔文·托夫勒. 未来冲击[M]. 北京：新华出版社，1996.

[53] 安相华. 大型空分设备关键部机质量的多尺度智能化协同化控制理论及其应用[D]. 杭州：浙江大学，2011.

[54] 程贤福. 面向可适应性的稳健性产品平台规划方法[J]. 机械工程学报，2015，51(19)：154-163.

[55] 程永亮，钟掘，暨智勇，等. TBM刀盘地质适应性设计方法及其应用[J]. 机械工程学报，2018，54(1)：1-9.

[56] 大卫·安德森，约瑟夫·派恩二世，冯消. 21世纪企业竞争前沿：大规模定制模式下的敏捷产品开发[M]. 北京：机械工业出版社，1999.

[57] 但斌. 大规模定制：打造21世纪企业核心竞争力[M]. 北京：科学出版社，2004.

[58] 丁力平. 面向质量特性的定制产品稳健设计技术及其应用研究[D]. 杭州：浙江大学，2010.

[59] 董景峰，王刚，吕民，等.基于改进蚁群算法的多供应商选择问题求解[J].计算机集成制造系统，2007，13(8)：1639-1644.

[60] 杜纲，张铁斌，缪琛璐，等.产品族模块化设计与平台配置的主从关联优化[J].计算机集成制造系统，2018，24(2)：455-463.

[61] 冯韬，但斌，兰林春，等.面向大规模定制的产品族结构与配置管理[J].计算机集成制造系统，2003，9(3)：210-213.

[62] 龚勋，冯毅雄，谭建荣，等.复杂工况驱动的产品适应性设计方法[J].计算机集成制造系统，2014，20(3)：505-520.

[63] 龚勋.面向复杂装备的工况适应性设计理论、方法及其应用研究[D].杭州：浙江大学，2014.

[64] 谷梦瑶，陈友玲，赵鹏.大规模定制环境下基于客户协同程度的设计时间估计方法[J].计算机集成制造系统，2016，22(9)：2089-2098.

[65] 何陈棋.面向成本的大批量定制配置设计技术研究[D].杭州：浙江大学，2004.

[66] 侯亮，韩东辉，温志嘉.面向新产品协同开发的供应商规划与选择[J].机械工程学报，2007，43(5)：50-56.

[67] 侯文彬，单春来，于野，等.模块化平台的模块划分及共享模块筛选方法[J].机械工程学报，2018，54(1)：188-196.

[68] 贾文友，江志斌，傅业焘.面向产品族优化时间窗下可重入批处理机调度[J].机械工程学报，2015，51(12)：192-201.

[69] 焦明海，唐加福，牟立峰，等.基于改进粒子群算法的供应商参与可靠性设计优化[J].机械工程学报，2008，44(12)：123-130.

[70] 李军鹏.面向大规模定制的复杂产品模块规划方法研究[D].合肥：合肥工业大学，2012.

[71] 李仁旺，苏宝华，祁国宁.面向大批量定制的产品建模[M].北京：科学出版社，2005.

[72] 李延来，唐加福，姚建明，等.质量功能配置中质量特性最终重要度的确定方法[J].机械工程学报，2007，43(4)：178-186.

[73] 李延来，唐加福，姚建明.基于粗糙集理论的质量屋中工程特性确定方法[J].计算机集成制造系统，2008，14(2)：386-392.

[74] 李中凯.产品族可重构设计理论与方法及其在大型空分装备中的应用研究[D].杭州：浙江大学，2009.

[75] 刘蕾，徐东臣，杜建良，等.大批量定制下产品族变形设计研究[J].航空精密制造技术，2015，51(6)：32-35.

[76] 刘清华，万立，钟毅芳.工程变更管理的分析与研究[J].计算机集成制造系统，2000，6(6)：31-36.

[77] 刘晓冰,董建华,孙伟,等. 面向大规模定制生产模式的产品数据管理[J]. 大连理工大学学报,2000,19(6):733-736.

[78] 刘艳梅,任佳,江支柱,等. 大批量定制下按订单装配产品同步生产计划方法[J]. 计算机集成制造系统,2014,20(6):1352-1358.

[79] 柳吉庆. 面向大批量定制产品配置关键技术与集成应用研究[D]. 合肥:合肥工业大学,2013.

[80] 卢红,张婵娟,周祖德. 异地协同设计中的项目管理及其若干实现技术[J]. 华中科技大学学报,2003,31(6):35-37.

[81] 罗仕鉴,李文杰,傅业焘. 消费者偏好驱动的 SUV 产品族侧面外形基因设计[J]. 机械工程学报,2016,52(2):173-181.

[82] 罗学优. 客户需求驱动的产品定制模块置换设计技术及其在电梯行业的应用[D]. 杭州:浙江大学,2015.

[83] 倪小兵. 定制产品需求映射与合同变更响应技术及其在立体停车库开发中的应用[D]. 杭州:浙江大学,2010.

[84] 彭欢. 大批量定制下产品族关键技术研究及在汽车灯具行业中的应用[D]. 杭州:浙江大学,2006.

[85] 祁国宁. 大批量定制技术及其应用[M]. 北京:机械工业出版社,2003.

[86] 裘炅. MC-PDM 与 ERP 集成环境下设计流程分布式协同管理的关键技术研究[D]. 杭州:浙江大学,2004.

[87] 盛步云,汪星刚,萧筝,等. 基于客户需求分析的模块化产品配置方法[J]. 计算机集成制造系统,2017,23(10):2091-2100.

[88] 谭建荣,冯毅雄. 设计知识建模、演化与应用[M]. 北京:国防工业出版社,2007.

[89] 谭建荣,王世伟,张树有. 面向大批量定制的产品成本估算方法研究[J]. 中国机械工程,2003,14(7):576-580.

[90] 王爱民,孟明辰,黄靖远. 基于设计结构矩阵的模块化产品族设计方法研究[J]. 计算机集成制造系统,2003,9(3):130-135.

[91] 魏巍,冯毅雄,程锦. 参数化产品族递进式优化设计方法[J]. 北京航空航天大学学报,2015,41(9):1600-1607.

[92] 魏巍. 定制产品智能重组设计关键技术与方法研究及其应用[D]. 杭州:浙江大学,2010.

[93] 肖文星,杜纲. 协同产品模块化架构与生态升级设计的主从关联优化[J]. 计算机集成制造系统,2019,25(5):1128-1141.

[94] 谢友柏. 产品的性能特征与现代设计[J]. 中国机械工程,2000,11(1):26-32.

[95] 谢友柏. 现代设计理论和方法的研究[J]. 机械工程学报,2004,40(4):1-9.

[96] 徐晓峰. 大规模定制下的产品人机工程应用研究[D]. 合肥:合肥工业大学,2014.

[97] 袁际军，黄敏镁，杨宏林，等．客户需求动态变更驱动下的产品配置更新建模与优化[J]．计算机集成制造系统，2018，24(10)：212-226.

[98] 张余华．大规模定制的内涵及其分类研究[J]．国际经贸探索，2010(4)：78-83.

[99] 郑浩，冯毅雄，高一聪，等．基于性能演化的复杂产品概念设计求解过程研究[J]．机械工程学报，2018，54(9)：214-223.